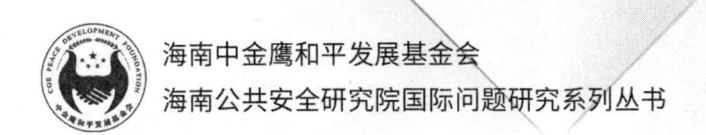

海南中金鹰和平发展基金会
海南公共安全研究院国际问题研究系列丛书

新时代
国际安全研究

艾莱提·托洪巴依 / 张蕴岭 ◎ 主编

时事出版社
北京

序

发挥新型社会智库优势，提升国际问题研究能力，维护中国海外利益安全

艾莱提·托洪巴依[*]

一、新型社会智库——海南公共安全研究院

海南公共安全研究院是海南自贸港建设背景下组建的社会组织——海南中金鹰和平发展基金会（CGE）旗下的研究咨询服务机构。

海南中金鹰和平发展基金会于2017年成立，致力于推动海南自贸港的国际化、创新和发展。

每年，海南公共安全研究院会专门组织有关公共安全的讨论，邀请世界著名国际问题专家、反恐专家、企业家对海外公共安全威胁问题及其国际反恐趋势做出展望与预

---

[*] 海南中金鹰和平发展基金会副秘书长，海南公共安全研究院院长。

测。海南公共安全研究院在过去五年一直为中国、地区和国际问题的研讨对话提供活跃的平台。

海南公共安全研究院主持项目有："三亚公共安全论坛""国际安保规范协会标准合作推广项目""海外公共安全与合作蓝皮书""东南亚国家安全风险评估""CGE自贸微论坛""CGE会客厅项目"等。

二、三亚公共安全论坛

（一）宗旨

为我国海外利益保护事业提供智库应尽的智力支持，为政府机构、国内外专家学者打造以公共安全为主题的交流对话平台。

（二）目的

1. 加强中国特色海外利益保护机制建设，服务推进对外开放、国际传播，讲好中国故事。
2. 加强国际智库交流互动，提升反恐安保合作。
3. 加强海外风险评估管理建设，优化海南中金鹰和平发展基金会的国际关系研究平台功能。
4. 提升维护企业海外合法权益的能力，发挥海南中金鹰和平发展基金会的国际组织社团组织成员功能，服务海南自贸港建设。

（三）历届论坛

2018年4月16—17日，海南中金鹰和平发展基金会在海南省三亚市举办了以"建立亚太公共安全新秩序与推进'一带一路'区域安保合作"为主题的"2018亚太公共安全论坛"。国际安保规范协会总干事杰米·威廉姆森出席论坛。

2020年8月17日，海南中金鹰和平发展基金会在海南省三亚市举办了以"非传统安全威胁与'一带一路'沿线反恐形势"为主题的"2020亚太公共安全论坛"。国际安保规范协会总干事杰米·威廉姆森、上海合作组织秘书长弗拉基米尔·诺罗夫出席论坛。

2020年9月2日，海南中金鹰和平发展基金会学术委员会召开第一次视频会议，经过专家讨论和基金会领导同意，由学术委员会主席张蕴岭宣布"亚太公共安全论坛"更名为"三亚公共安全论坛"。

2021年11月14日，为积极应对世界百年未有之大变局的机遇与挑战，服务海南自贸港建设，引进国际安保标准和加强国际安全合作，海南中金鹰和平发展基金会在海南省三亚市举办了以"世界大变局中的国际安全合作"为主题的"2021三亚公共安全论坛"，探讨重大活动安保反恐经验及城市反恐研究、共建中国海外利益保护和周边反恐形势。

三、2022 三亚公共安全论坛

（一）论坛主题

维护中国海外利益安全：国际对话与合作。

（二）分议题

1. "一带一路"建设中的海外安保问题。
2. 中国周边国家安全局势。
3. 世界各国反恐与去极端化经验。
4. 中国企业"走出去"安全风险管理及建议。

2022 年 4 月，习近平总书记在海南考察时强调："加快建设具有世界影响力的中国特色自由贸易港，让海南成为新时代中国改革开放的示范"，"把海南自由贸易港打造成展示中国风范的靓丽名片"。而举办三亚公共安全论坛则是海南自贸港建设中社会组织的制度设计。2022 三亚公共安全论坛的成功举办既为各国提供了一个全球智库的交流平台，也展现了中国"共享"与"开放"的坚定决心。

四、中国海外利益安全

（一）海外利益安全

海外利益安全是新时期我国发展和安全利益的重要组成部分。海外利益安全主要包括海外能源资源安全、海上战略通道以及海外公民、法人的安全。目前，我国已成为全球第一货物贸易国和主要对外投资大国。随着国家实力不断增强以及与世界联系日益紧密，我国人员、企业和机构大规模"走出去"。随着海外利益的广度和深度不断拓展，国际安全环境也发生复杂深刻变化，各种传统和非传统安全问题突出，我国海外利益面临的安全风险增加。面对种种可以预见和难以预见的安全风险和挑战，维护海外利益安全依然任重道远。

维护海外利益安全是中国特色国家安全道路的重要体现，走中国特色国家安全道路，坚持国家利益至上，坚持以人民安全为宗旨。在新的历史条件下，要更加重视把维护拓展我国海外利益与促进其他国家维护正当权益结合起来，实现互利共赢，共同发展。

（二）共建"一带一路"

共建"一带一路"有助于实现我国与周边国家、亚欧国家发展战略对接，编织更加紧密的共同利益网络。在现代国际体系之中，国家的成长必然伴随着海外利益的延伸与拓展。对于正走在民族伟大复兴道路上的中国来说，海外利益是国家战略筹划的重要内容之一。

（三）人类命运共同体

人类命运共同体是我国海外利益的价值追求。人类命运共同体是中国人民对世界文明走向的判断。维护海外利益安全，人人有责。强大祖国是我们"走出去"的坚强后盾。只有国家长治久安，人民幸福安康才有保障。

（四）直面世界，维护中国海外利益安全

第一，对未来世界秩序的演进，我们需要先有一个结构性的理解。影响当今世界秩序变局的主要是四个因素：新冠疫情、俄乌冲突、大国崛起以及中美关系。面对国际地缘政治的急剧变动，中国需要对内建设统一大市场，对外坚持高水平开放，从而加速中国现代化发展进程。

第二，在对外关系方面，中国可以发挥自身优势，更

加积极地参与引领全球治理。只有保持理性，释放制度优势，我们才可以在国际政治斗争中立于不败之地。

第三，需要关注疫情下的海外华侨华人安全。2019年，全球有6000多万华侨华人，其中，身在海外的留学生大约有142万人，务工人员大约有70万人。全球疫情防控时期，我国海外侨民面临许多安全挑战，主要有海外侨民被迫困于海外、医药资源有限等。

第四，需要关注增加的恐怖袭击风险。中国海外利益拓展过程中面临较大的恐怖主义威胁，特别是"一带一路"共建国家和地区，防范打击恐怖主义形势尤为严峻。共建"一带一路"倡议的推进线路与恐怖袭击高发、频发区域高度重合。

第五，统筹抓好后疫情时期的安全保护、卫生防控和生产经营工作。坚持以员工生命安全和身体健康为底线，切实保障中方人员人身、财产安全。

第六，加强对外合作中的理念沟通和人心相通。可依托海外中资企业商（协）会，积极与所在国的利益攸关方和合作伙伴加强沟通交流，不断增信释疑。

第七，妥善应对涉华舆情，积极正面回应负面舆情炒作。要将跟踪、应对舆情民意作为海外经营的一项重要日常工作，不断提高公关意识和能力。

五、打造世界一流新型社会智库平台

影响力是智库的生命线和价值所在，建构智库影响力评价框架是中国特色新型智库的发展要求和内在规律，影响力评价是衡量测度智库功能发挥优劣的重要标准。影响力体现在决策层、学术界、媒体公众和国际社会等不同层面。

第一，站位要高，眼光要远，工作要实，向中国顶尖智库和世界著名智库看齐。

第二，智库建设要有明确的方向，要有准确的角色定位，要着眼于未来对外关系需要，要服务于国家总体外交战略。同时，要开展前瞻性问题研究，不能总是研究"昨天"和"今天"，更重要的是研究和预测"明天"。

第三，要保持智库工作的活跃度。每个月定期开展对外活动。

目　录

第一部分　新时代下服务海南自贸港

精确认识百年未有之大变局 …………………………… 张蕴岭（3）

发挥国际组织社团成员功能，服务海南
　　自贸港建设 ………………………………………… 冯川建（9）

海南自贸港建设引进国际安保标准的
　　必要性研究 ……………………… 周章贵　艾莱提·托洪巴依（14）

第二部分　海外利益保护与安全管理

中国安保走向世界的发展趋势 ………………………… 殷卫宏（33）

风险社会与风险社会的新安保观 ……………………… 郭惠民（43）

国际重大赛事私营安保服务选聘新趋势 ……… 袁　榕　周章贵（49）

数据跨境流动安全风险及法律治理研究 ……………… 贺胜男（56）

第三部分　国别与地区问题研究

美国构建"数字同盟"及其影响 ………………………… 杨　楠（71）

蒙古国与美国关系分析 …………………………………… 娜　琳（80）
当前非洲安全与反恐新形势 ……………………………… 陈　立（88）
土耳其外交政策及趋势评析 ……………………………… 郭长刚（95）
中亚与阿富汗形势及其影响 ……………………………… 赵华胜（101）
哈萨克斯坦"一月事件"评析 …………………………… 张　杰（106）
中亚局势及其影响 ………………………………………… 张金平（112）
新形势下中南亚安全态势 ………………………… 朱永彪　胡　宁（118）
阿富汗变局的影响及趋势分析 …………………………… 李　伟（133）
东南亚恐怖主义活动新特点 ……………………………… 杨保筠（150）

第一部分

新时代下服务海南自贸港

精确认识百年未有之大变局

张蕴岭[*]

当前，传统安全与非传统安全风险相互交织，全球治理体系和国际格局加速调整。在世界之变、时代之变、历史之变的百年未有之大变局下，和平与发展的时代主题正面临着严峻的挑战。世界既不安宁也不太平，国际格局加速演变，国际秩序正在深刻塑造中，地缘政治博弈日趋加剧，全球发展的深层次矛盾突出且复杂多变，如何在百年变局当中把握大局，抓住机遇期，顺势而为，乘势而上？这需要我们共同探讨大变局对世界发展、人类社会演进等方面的影响，研究其中的风险与机遇。

百年未有之大变局，从微观层面到宏观层面，更多着眼于"变"，"变"则意味着机遇与风险并存，研究机遇、防范风险，从而在国家的角度提出具有前瞻性的战略方法，

---

[*] 海南中金鹰和平发展基金会学术委员会主席，中国社会科学院学部委员、研究员，山东大学国际问题研究院院长。

采取具有可实施性的举措，推动国家的正向发展。研究百年未有之大变局的意义是在飞速的变化发展中看到有价值的内容，并深究其背后的逻辑体系。大变局的"变"体现在以下几个方面。

一是世界力量格局之变。这个变化主要包含两个方面的意义，一方面是西方主导的力量格局转变。从经济发展的角度，它体现在发展中国家的崛起，即发展中国家综合力量大幅度上升。按预测，到21世纪中叶，发展中国家的经济总量可能占到世界经济总量约60%—65%，也就是说，从根本上改变发达国家在世界经济力量、科技力量、综合力量等方面占主导地位的格局。另一方面是美国主导的格局转变。美国的主导力主要体现在综合实力以及在国际事务中的影响力。如今，美国在这两个方面都发生了扭转。冷战结束后，美国曾力图构建美国单边统治下的世界，但并没有成功，世界仍朝着多样性、多层次的方向发展。

二是世界体系格局之变。第二次世界大战（以下简称二战）后，形成了以联合国为核心的治理体系，这个体系的基本结构需要维护，但在货币、贸易、金融、科技等诸多领域需要调整与改革，改革的意图和目的在于顺应世界变化的格局，以及满足发展中国家的利益与诉求，改变美西方占主导地位的结构。

三是世界发展范式的变化。以传统工业化为导向的发展范式不可持续，世界由传统发展范式向新发展范式转变。气候变化本身就与传统发展范式有着直接的联系，应对气候变化的根本措施是转变发展范式，走绿色可持续的发展道路。

四是中国综合实力的转变。中国综合实力快速发展和大幅度提升，不仅改变了世界力量格局的结构，也带来更为综合的变化。中国已经提出了许多积极的主张与倡议，在成为新型大国方面，意在推动构建更加公平合理、合作共赢的世界体系。

纵观历史，放眼未来。认识当下百年未有之大变局，回顾上个百年的变化其意义重大而深远。20世纪是大动荡、大变革、大发展的百年。1914年爆发的第一次世界大战（以下简称一战），列强争夺，各方损失惨重。1917年爆发了俄国十月革命，推动了世界共产主义运动的兴起和世界政治格局的巨大转变。20世纪30年代经济大危机，重创了欧美经济，引发社会危机，加剧了政治矛盾。与此同时，二战爆发，这场战争波及范围更广、损失更大。二战后，世界迎来了大变革时期。联合国多边体系的建立是人类历史上第一次建立了以联合国为中心的全球治理体系，一则确立了国家间关系的基本原则，二则推动建立世界开放发展的制度建设。欧洲方面，各国的联合从西欧开始，逐步扩大，构建了区域合作治理的制度，使欧盟范围实现了和平与发展。

此外，民族独立运动的兴起和胜利，结束了殖民制度，使大多数国家走上了独立发展的道路，这是世界大变局的重要体现。但冷战的爆发，形成了两大集团的危险对抗，对于世界的发展产生了严重的影响。尽管冷战以非战争的方式终结，但是仍对世界格局产生了重要影响。在二战后的世界大发展时期，科技革命与全球化发展推动世界大规模快速发展。在世界大发展的过程中，发展中国家在数量上大规模崛起，有些发展中国家接近或者步入发达国家的行列，在世界经济中的分量和政治影响力大幅度提升。

回首上个百年的发展史，应吸取两次世界大战的深刻教训。二战后世界获得发展得益于市场开放、规则指导和共同参与的世界多边体系的建立。在经验方面，推动了商品的流通、投资的扩大和人员的流动，推动了产业分工和供应链的构建。百年未有之大变局下，人类面临的挑战和机遇并存。就挑战而言，力量对比发生变化带来的冲突风险，发展范式的转变带来的经济社会进步，国际体系变革带来的矛盾和冲突等都需要认真面对，智慧处理，更为重要的是避免发生大规模的冲突和战争。特别注意大国力量崛起过程中与其他国家的矛盾处理。美国就综合力量而言仍是超级大国，其面对其他国家的崛起，采取各种打压手段，力图维护其主导权。在面对发展中国家群体崛起，以及国际体系调整变革时，美西方采取许多手段力图加以拒阻，这些必然激化现有矛盾，增加对抗。在此情况下，需要把防止大的对抗、冲突，特别是战争放在首要地位。联合国要动员世界力量，各国要把维护和平作为己任，避免世界陷入战乱。

历史形成的西方主导世界格局、美国独霸格局将会改变，这种改变会推动人类社会的进步。新的转变有新的特点，传统霸权的衰落与新权势的转移，不会再出现一国独霸世界的局面，未来的世界格局会朝着更加平衡与合作的方向发展。

历史上新秩序的构建多半通过战争来进行，形成胜者主导规则的结构。但在新时代，新秩序的转变与形成，应该走出战争模式，要实现合作共建的创新方式。美国对华实施"全面战略竞争"，试图通过对中国全面施压、"脱钩"和遏制来胜出，这种零和思维与战略是行不通的。在不断发展中的世界，各国相互依存，中国的发展为世界带来正向积极的发展，中国倡导合作共赢，西方对此不应该将制裁与压制作为改变世界格局的方式和手段。

当下，全球化发展受到诸多挑战，保护主义盛行，但世界需要开放合作，大力推动发展范式的转变，推动新科技革命的深化，以创新和负责任的方式应对气候变化，利用新科技革命的驱动力，推动世界的发展，为发展中国家的可持续发展提供更好的环境。中国无论从本身发展的需要，还是从承担国际责任的需要，都会继续坚持开放发展，推动全球化的发展，在维护多边体系稳定的前提下，推动变革，加快向新发展范式转变，在创新发展、绿色发展、合作发展上发挥发展中大国的作用。推动世界经济的开放发展、创新发展与合作发展，不能单单依靠一国或者少数几个国家，需要全球合作与共同努力。

第四次科技革命已经带来巨大的变革，推动经济社会新发展。这次科技革命的突出特征是智能化，从经济发展的角度，会大大提高生产效率，更为重要的是推动生产方式的大变革，带来经济社会的深刻革命。当今，掌握先进的智能化科技手段，更能掌控主动权与话语权，站在新的历史起点，推动新时代的和平与发展，增进创新发展，使更多人受益。同时，特别需要避免高科技被用于战争与杀戮，要让高科技造福世界人民。

百年未有之大变局，对于中国而言既是机遇又是挑战，为实现百年复兴，要抓住机遇迎难而上。上个百年，世界经历了战争迎来了变革，立足新时代的百年变局应走出"历史循环"的阴影，走向更好的未来。认识百年大变局，要以史为鉴，立足当下，放眼未来。改革开放让中国有了发展的机遇，新时期站在历史发展的"十字路口"，中国比任何时候都更接近中华民族伟大复兴。因此，中国在新时代中，要把握好历史的机遇，做世界和平的建设者、全球发展的贡献者、国际秩序的维护者，推动世界向好的方向发展，担当起新型大国的使命与责任。

发挥国际组织社团成员功能，服务海南自贸港建设

冯川建[*]

当前，世界形势风云激荡，大国博弈不断加剧，气候变暖、自然灾害、暴恐袭击、跨国犯罪、种族矛盾、区域冲突等不断涌现，网络安全、经济安全、粮食安全、环境安全、移民安全等非传统安全领域的风险和危机日益凸显，新冠疫情的暴发及广泛传播再次给人类敲响了非传统安全的警钟。

面对全球范围内非传统安全的共同威胁，需要各国尊重世界文明多样性，以文明交流超越文明隔阂，以文明互鉴超越文明冲突，以文明共存超越文明优越，"共商、共建、共创、共享、共赢"人类安全文明。

2019年4月8日对于组建一年多的海南中金鹰和平发

---

[*] 海南中金鹰和平发展基金会理事长，第十一、十二、十三届全国政协委员，海南省政协常委，中金鹰（海南）安保集团有限公司董事长。

展基金会来说是值得庆贺和纪念的日子，因为这一天海南中金鹰和平发展基金会成功加入总部位于瑞士日内瓦的国际安保规范协会。为了更好服务中国共建"一带一路"倡议，进一步推动海南自贸区（港）建设以及引进国际安保认证机构服务，自2017年底海南中金鹰和平发展基金会和浙江大学研究团队共同开展"国际安保规范协会标准合作研究推广项目"，参与国际安保规范协会相关国际安保事务，并派代表出席国际安保规范协会年会。

海南中金鹰和平发展基金会下设的海南公共安全研究院是国内少数非传统安全智库之一，正在快速成长为为海南自贸港建设这一重大国家战略实践提供决策咨询的重点智库之一。中国特色新型智库建设的总体要求明确，智库建设首先要服务于党和国家重大决策，持续强化自身助力党和国家发展需要的职能。

我们要着重从以下几个方面构建中国特色新型智库。一是智库功能的发挥需要有高端人才和研究团队的强大支撑。二是智库要体现平台功能。通过搭建会议、研讨会、论坛等交流平台，邀请更多学界、政界和商界等各界人士参与，围绕当前重要的问题进行讨论，提出不同意见和建议。三是舆论导向和宣传的功能。智库必须以做好政策解读和舆论导向为己任。这就需要通过公开发布、出版和定期会议等方式向各界广泛传播智库成果，同时利用传统媒体和新媒体不断向外界进行宣传，结合经济形势、疫情变化等及时对舆论走向进行引导。四是唯有确保智库观点建议的"第三方"属性和客观性，才能真正发挥决策参考作用，彰显国家软实力。对此，海南中金鹰和平发展基金会学术委员会将第四届三亚公共安全论坛主题定为"维护中国海外利益安全：国际对话与合作"。旨在为我国海外利益保护事业提供（社会）智库应尽的智力支持，为政府机构、国内外专家学者打造以公共安全为主题的交流对话平台。

2022年1—5月，中国企业在"一带一路"共建国家非金融类直接投资527.1亿元人民币，主要投向新加坡、印尼、巴基斯坦、马来西亚、阿联酋、越南、泰国、柬埔寨、老挝和塞尔维亚等国家。

目前，"一带一路"地区已经成为中国对外直接投资新的增长点。但个别共建国家的投资风险值得注意。具体来说，"一带一路"共建国家中，东亚地区投资风险位于较低水平，非洲和南亚国家投资风险普遍较高，中亚和西亚地区部分国家风险较高，西亚地区风险差异较大。《区域全面经济伙伴关系协定》（以下简称RCEP）成员国的国家风险评级得分好于总体国家平均水平，但纵向比较，RCEP成员国的投资风险有所升高。部分RCEP成员国的政治风险是企业进行海外投资决策时需重点考量的因素。

海外利益是国家利益的重要组成部分。海外利益安全主要包括海外能源资源安全、海上战略通道安全以及海外公民、法人的安全。在新冠疫情冲击下，我国海外利益安全面临的形势更加复杂、艰巨。一是需要关注疫情下的海外华侨华人安全。2019年全球有6000多万华侨华人，其中，身在海外的留学生大约有142万人，务工人员大约有70万人。全球疫情防控时期，我国海外侨民面临被迫困于海外、海外侨民医药资源有限等风险。二是需要关注恐怖袭击风险的增加。中国海外利益拓展过程中面临较大的恐怖主义威胁，特别是"一带一路"共建国家和地区，防范打击恐怖主义形势尤为严峻。共建"一带一路"倡议的推进线路与恐怖袭击高发，频发区域高度重合。

今天的中国已经具备为世界做出更多贡献、承担更大责任的能力和条件，也拥有开展"大国外交"的本钱和依靠，更具有推行中国特色大国外交的资本和底气。未来推进中国特色大国外交仍要继续积极发掘传统文化中的有益之处和致世之道，通过从中探求智慧、吸收营养、汲取精华，找寻中华传统文化和当今时代特征、世界发展潮流的同质性与共振点，促成中华传统文化与中国特色对外工作相向而行、同放异彩的局面。

通过举办三亚公共安全论坛，我们希望要达到以下四个目的：一是加强中国特色海外利益保护机制建设，服务推进对外开放、国际传播，讲好中国故事；二是加强国际智库交流互动，提升反恐安保合作；三是加强海外风险评估管理建设，优化海南中金鹰和平发展基金会的国际关系研究平台功能；四是提升维护企业海外合法权益的能力，发挥海南中金鹰和平发展基金会的国际组织社团组织成员功能，服务海南自贸港建设。

三亚公共安全论坛是 2018 年创办的国际学术会议平台。已经成功举办了三届，聚焦国际热点问题，参与专家逐年增多，国际影响力、平台活跃度和吸引力逐年增加，已经成为海南自贸港国际对标的对话平台。

海南自贸港建设引进国际安保标准的必要性研究[①]

周章贵[*]　艾莱提·托洪巴依[**]

随着海南自贸港建设加速推进，中央、部委、地方各级法规政策陆续出台，为海南新阶段的发展提供了重要的政策环境。海南省作为全国拥有最好生态环境地区、全国最大的经济特区、全国唯一的省域国际旅游岛以及如今全国最大的自贸试验港区，享有得天独厚的优势。为了努力把最好政策与最强优势融合，推进海南全省和自贸港建设更好更快发展，需要政府、企业、社会各界齐心协力。

海南中金鹰和平发展基金会国际安保规范课题组经过几年研究完成多项研究项目，其中包括国际安保规范协会

---

[*] 海南中金鹰和平发展基金会高级研究员，浙江大学非传统安全与和平发展研究中心特聘高级研究员，国际安保规范协会观察员。

[**] 海南中金鹰和平发展基金会副秘书长，海南公共安全研究院院长。

[①] 本文系海南中金鹰和平发展基金会"国际安保规范协会标准合作研究推广项目"的2021年阶段性成果。

的安保标准及核心文件翻译研究。课题组认为，海南自贸港建设需要多方面对标国际，加强人员和物流进出领域的风险防控，引进国际安保标准并转化为自贸港政策规制，完善自贸港建设安全保障和提升社会治理能力现代化。

一、引进国际安保标准是对自贸港法律政策的补充完善

（一）为推进海南自贸港建设已出台的主要法律政策

2018年4月13日，习近平总书记在出席庆祝海南建省办经济特区30周年大会时宣布，支持海南全岛建设自贸试验区，支持海南逐步探索、稳步推进中国特色自由贸易港建设，分步骤、分阶段建立自由贸易港政策和制度体系。

随着海南自贸区（港）建设工作推进和进一步对外开放，相关安全保障作为发展的基础和底线也引起中央和海南省的关注。至今，为加快海南自贸港建设，中央层面已出台的法律政策有：《中华人民共和国海南自由贸易港法》（2021年6月），《国务院关于在中国（海南）自由贸易试验区暂时调整实施有关行政法规规定的通知》（2020年6月），《海南自由贸易港建设总体方案》（2020年6月），《关于授权国务院在中国（海南）自由贸易试验区暂时调整实施有关法律规定的决定（草案）》（2020年4月），中共中央办公厅 国务院办公厅印发《国家生态文明试验区（海南）实施方案》（2019年5月），

中央全面深化改革委员会审议通过《海南热带雨林国家公园体制试点方案》(2019年1月),《海南省建设国际旅游消费中心的实施方案》(2018年12月),《中国(海南)自由贸易试验区总体方案》(2018年10月),《中共中央 国务院关于支持海南全面深化改革开放的指导意见》(2018年4月)。

(二) 海南自贸港建设中涉安全防控领域的主要法律政策

2018年4月18日,公安部召开新闻发布会,决定自2018年5月1日起,在海南省实施59国人员入境旅游免签政策。海南省政府成立了工作领导小组,统筹组织全省外国人服务管理工作。海南省公安厅出入境管理局牵头优化了免签预申报平台,实现出入境管理部门与边防检查机关免签外国人预申报平台三合一;请示国家移民管理局同意,取消免签外国人填写入境卡环节,简化通关手续,缩短通关时间;针对部分直抵口岸的外国游客因误解政策未及时申报不能顺利入境的问题,启动应急免签入境措施,协调和指导旅行社安排专人在海口美兰国际机场、三亚凤凰国际机场入境口岸值守,现场为未提前申报的外国人办理登记和申报免签入境手续,确保59国人员免签政策运行平稳。

2018年10月,国务院发布《中国(海南)自由贸易试验区总体方案》以来,海南在扩大开放、制度创新等方面持续发力。11月5日,商务部等18部门联合印发了《关于在中国

（海南）自由贸易试验区试点其他自贸试验区施行政策的通知》。该通知提出了适用于海南自贸试验区的其他自贸试验区施行政策，包括四方面共 30 项政策内容。

2021 年 6 月 10 日，第十三届全国人民代表大会常务委员会第二十九次会议通过《中华人民共和国海南自由贸易港法》，其中第五十五条要求海南自贸港建立风险预警和防控体系，防范和化解重大风险。该法强调了海关负责口岸和其他海关监管区的常规监管，依法查缉走私和实施后续监管。海警机构负责查处海上走私违法行为。海南省人民政府负责全省反走私综合治理工作，加强对非设关地的管控，建立与其他地区的反走私联防联控机制。境外与海南自贸港之间、海南自贸港与内地之间，人员、货物、物品、运输工具等均需从口岸进出。在海南自贸港依法实施外商投资安全审查制度，对影响或者可能影响国家安全的外商投资进行安全审查。海南自贸港建立健全金融风险防控制度，实施网络安全等级保护制度，建立人员流动风险防控制度，建立传染病和突发公共卫生事件监测预警机制与防控救治机制，保障金融、网络与数据、人员流动和公共卫生等领域的秩序和安全。

根据《中国（海南）自由贸易试验区总体方案》，国内其他自由贸易试验区施行的政策，凡符合海南发展定位的，海南省均可按程序报批后在自贸试验区进行试点。国家有关部门要根据海南建设自贸试验区需要，及时向海南省下放相关管理权限，给予充分的改革自主权，同时加强指导和服务，共同推进相关体制机制创新。自贸试验区建设要更好服务和融入"一带一路"建设、海洋强国、军民融合发展等国家重大战略。特别强调"要以防控风险为底线,建立健全全面风险管理体系和机制,完善风险防控和处置机制,出台有关政策时,要深入论证、严格把关,成熟一项,推出一项,实现区域稳定安全高效运行"。

因此,研究出台和落实既符合国际惯例又具有海南自贸区(港)特色的安全保障政策和制度创新,具有理论意义,更具有现实急迫性。

(三)推进海南自贸港建设公共安全领域亟待完善的立法需求

当前海南自贸港立法中关于公共安全领域面临两大现实需求:一是出入境监管难度增加,未来海南自贸区(港)建设中国际性大型活动安保及随身护卫等需求增加;二是国际船舶管理业务增加,未来海南从事海员外派和沿途海上护卫等需求增加。这都有待于出台相关法规以推进监管和维护工作。

外籍人员在岛安全维护监管方面。2018年,海南全年免签入境外国人36万人次,同比增长12%;2019年,全年免签入境外国人48万人次,同比增长34%。59国人员免签政策促进了入境游客数量较快增长,有力推动了海南国际旅游消费中心建设,提升了海南国际知名度和影响力。但当前和未来国际性大型活动安保与涉及外籍要员和明星等随身护卫需求将急剧增加，相关监管难度不容忽视。

国际船舶管理业务监管方面。根据商务部等 18 部门联合印发的《关于在中国（海南）自由贸易试验区试点其他自贸试验区施行政策的通知》，提出了适用于海南自贸试验区的其他自贸试验区施行政策，包括四方面共 30 项政策内容。尤其强调在加快航运领域发展方面，允许特定条件下租用外籍船舶从事临时运输、进一步便利国际船舶管理企业从事海员外派服务等 7 项内容，这涉及从事海员外派和沿途海上护卫等国际规则的对接。

另外，随着海南整岛开放和自贸港建设的迅速推进，政策推动下国际化程度也随之加快。未来，海南必将成为连接中国与世界重要国际会议和重大体育赛事等大型活动的聚集地，各类大型国际性活动有望迅猛增加。举办大型活动是政府、企业、行业提升品牌，吸引全球客户关注或发布庆典的有效方式，但其也有可能会因安全风险事件把效果破坏殆尽，因此，确保活动的安全，采取适当的安全警卫措施和形式尤为重要。这需要在符合国家标准操作模式下推进活动的策划和执行。包括对活动现场安全条件的评估、起草应急方案等安全服务和策略，确保活动的安全顺利和参加活动人员的安全。

引进国际安保标准不仅符合中央、部委、地方各级关于推进海南自贸港建设的现行法律政策，也是对自贸港法律政策的完善，有利于在外籍人员在岛安全维护监管、国际船舶管理业务监管、大型国际性活动安全保障方面提供有力的能力建设和创新服务支持。

二、引进国际安保标准是对自贸港安全防控和社会治理能力的提升

(一)对自贸港所涉国际安保服务尚缺规范和服务标准

长期以来,我国没有出台全国统一的针对安保服务行业的专门法律和行政法规,政府对国内安保企业的主要管理依据是国家制定的相关政策和规范性文件以及部分地方性法规,比如,经国务院批准的公安部《关于组建保安服务公司的报告》。相关的规范性文件主要有:1999年中共中央办公厅、国务院办公厅下发的《政法机关保留企业规范管理若干规定》和2000年公安部颁布的《关于保安服务公司规范管理的若干规定》,从国家政策方面规定了公安机关是保安服务业的行政管理机关、开办保安服务公司的条件、保安员条件、保安服务范围及保安员职责等内容。此外,涉及这方面的行政法规主要是《娱乐场所管理条例》(国务院令第261号)、《专职守护押运人员枪支使用管理条例》(国务院令第356号)和《物业管理条例》(国务院令第379号)中有关保安服务业的相关规定。北京、上海、辽宁、江苏、湖南、云南、内蒙古、广东等全国大多数省、自治区、直辖市也都结合本地实际情况制定了保安服务管理办法、保安培训机构管理办法、保安押运公司

管理暂行规定等地方性法规规章。后来，随着形势的不断发展，保安服务业出现了许多新情况、新问题，对保安服务业做出系统、全面的制度规范已经成为必然。

2009年9月28日，由公安部起草的《保安服务管理条例（草案）》经国务院第82次常务会议讨论原则通过，时任国务院总理温家宝于10月13日签署第564号国务院令正式公布《保安服务管理条例》，结束了全国保安服务行业管理近30年无统一专门立法的局面。2010年2月，公安部又出台了《公安机关实施保安服务管理条例办法》（公安部令第112号），进一步明确了公安机关对保安服务行业的监督与管理。

我国安保方面的管理依据从国家制定的规范性文件和相关政策以及散见于国务院制定施行的一些行政法规和部分省市人大常委会通过的地方性法规跨越到较为系统、全面的行政法规。但是，在中国安保企业开展国际业务方面，相关行政法规还不够完善。尤其随着海南自贸港建设加速推进，如何加强安全服务和保障领域的治理体系和能力建设有待引进和借鉴国际一流经验，并结合海南自贸港自身特点构建符合未来发展的安保服务供给制度和实践规范具有必要性和迫切性。

（二）海南中金鹰和平发展基金会国际安保规范课题组已积累国际安保标准研究的丰硕成果

海南中金鹰和平发展基金会在创立之初就规划以国际安保标准作为其重点研究领域之一，已积累了较丰富的研究成果和一定品牌影响力。

一是 2017 年 11 月 30 日海南中金鹰和平发展基金会与浙江大学非传统安全与和平发展研究中心海外安全与安保研究团队合作设立了"国际安保规范协会标准合作研究推广项目"。2018 年初项目组已经研究翻译完成项目规定的标准文件。

二是 2018 年 4 月 17 日海南中金鹰和平发展基金会在海南三亚成功主办项目系列活动之一《2018 亚太公共安全论坛》，邀请国际安保规范协会高层出席论坛，并提出《组建国际安保服务合作对话平台的共同倡议》，倡导国际组织、政府部门、社会团体、安保企业等共同参与多边对话和合作。

三是 2018 年 11 月 4 日海南中金鹰和平发展基金会与浙江大学共同主办的首届非传统安全与海外利益保护论坛围绕"国际商业安保规制及中国模式"开展了深入探讨。

四是 2019 年 4 月 8 日海南中金鹰和平发展基金会经申请取得国际安保规范协会社会组织会员资格，并与浙江大学国际安保规范协会项目组继续开展相关国际化能力建设和规制研究。2020 年，与浙江大学团队共同编写国际安保规范协会培训教材。

五是课题组已经形成国际安保规范协会国际安保服务标准化进程分析、《私营安保服务供应商国际行为守则》解读核心文件、国际安保规范协会认可标准 ISO28007 关于海事安保管理体系和 ISO18788 关于安保业务管理体系等内容。

（三）推进研究成果转化可有效促进自贸港安保服务国际化水平

海南自贸港建设引进国际化安保标准符合高标准高质量建设自贸试验区的要求。《中共中央国务院关于支持海南全面深化改革开放的指导意见》明确以现有自贸试验区试点内容为主体，结合海南特点，建设中国（海南）自由贸易试验区，实施范围为海南岛全岛。以制度创新为核心，赋予更大改革自主权，支持海南大胆试、大胆闯、自主改，加快形成法治化、国际化、便利化的营商环境和公平统一高效的市场环境。更大力度转变政府职能，深化简政放权、放管结合、优化服务改革，全面提升政府治理能力。实行高水平的贸易和投资自由化便利化政策，对外资全面实行准入前国民待遇加负面清单管理制度，围绕种业、医疗、教育、体育、电信、互联网、文化、维修、金融、航运等重点领域，深化现代农业、高新技术产业、现代服务业对外开放，推动服务贸易加快发展，保护外商投资合法权益，推进航运逐步开放。发挥海南岛全岛试点的整体优势，加强改革系统集成，力争取得更多制度创新成果，彰显全面深化改革和扩大开放试验田作用。

海南自贸港建设引进国际化安保标准符合探索建设中国特色自由贸易港的要求。根据国家发展需要，逐步探索、稳步推进海南自贸港建设，分步骤、分阶段建立自由贸易港政策体系。海南自贸港建设要体现中国特色，符合海南发展定位，学习借鉴国际自由贸易港建设经验，不以转口贸易和加工制造为重点，而以发展旅游业、现代服务业和高新技术产业为主导，更加强调通过人的全面发展，充分激发发展活力和创造力，打造更高层次、更高水平的开放型经济。及时总结59国外国人入境旅游免签政策实施效果，加大出入境安全措施建设，为进一步扩大免签创造条件。完善国际贸易"单一窗口"等信息化平台。积极吸引外商投资以及先进技术、管理经验，支持外商全面参与自由贸易港建设。在内外贸易、投融资、财政税务、金融创新、出入境等方面探索更加灵活的政策体系、监管模式和管理体制，打造开放层次更高、营商环境更优、辐射作用更强的开放新高地。

海南自贸港建设引进国际化安保标准符合加强风险防控体系建设的要求。《中共中央国务院关于支持海南全面深化改革开放的指导意见》明确：出台有关政策要深入论证、严格把关，成熟一项推出一项。打好防范化解重大风险攻坚战，有效履行属地金融监管职责，构建金融宏观审慎管理体系，建立金融监管协调机制，加强对重大风险的识别和系统性金融风险的防范，严厉打击洗钱、恐怖融资及逃税等金融犯罪活动，有效防控金融风险。优化海关监管方式，强化进出境安全准入管理，完善对国家禁止和限制入境货物、物品的监管，高效精准打击走私活动。建立检验检疫风险分类监管综合评定机制。强化企业投资经营事中事后监管，实行"双随机、一公开"监管全覆盖。

海南自贸港建设引进国际化安保标准有利于大力推进旅游消费国际化的要求。中央明确支持海南积极引进国际优质资本和智力资源，采用国际先进理念进行旅游资源保护和开发。允许在海南注册的符合条件的中外合资旅行社从事除台湾地区以外的出境旅游业务。支持海南积极参与国际旅游合作与分工，与国际组织和企业在引资引智、市场开发、教育培训、体育赛事等方面开展务实合作。加快建立与国际通行规则相衔接的旅游管理体制，推动更多企业开展国际标准化组织（ISO）质量和环境管理体系认证，提升企业管理水平。系统提升旅游设施和旅游要素的国际化、标准化、信息化水平。指导海南进一步办好国际体育赛事，支持再引入一批国际一流赛事；支持海南举办国际商品博览会和国际电影节。

随着海南自贸港建设加速推进，外籍人员进出和驻留海南期间，国际船舶管理业务领域面临的安全事件形态也将趋于多样化、复杂化。除了反恐等领域可动用军队、警察部门等公共安全力量直接参与安全维护工作外，多数涉及民间商务活动、国际交流活动等面临的非传统安全威胁国际上多有赖于按市场化服务和民间安保供给等予以保障。

国际安保规范协会作为联合国及主要主权国家支持下国际民间安保规制和标准出台、监管的主要引领机构，在当前全球民间（私营）安保治理结构中发挥了越来越突出的作用，基于国际安保规范协会安保规制研究成果在海南自贸区（港）建设中的融合应用对海南推进自贸港建设，尤其在完善安全保障和监管方面具有重要的参考借鉴意义。

三、推进海南自贸港建设中国际安保标准转化的建议

第一，建议把引进国际安保标准置于当前自贸港建设政策创新的重要内容和举措，政府部门与社会智库（海南中金鹰和平发展基金会）共同推动立法政策研究工作。

当前，海南自贸港建设制度创新不断深入，引进国际安保标准需要进一步在各类资源方面获得支持，需要与海南自贸港建设制度和政策创新整体工作保持一致。建议海南省相关部门把引进国际安保标准置于当前自贸港建设制度和政策创新的重要内容和举措。可委托基金会进一步调研国际经验和规则惯例，研究和提出海南国际自贸港立法中关于公共安全法规符合现实需求的问题。对 2018 年 10 月国务院发布《中国（海南）自由贸易试验区总体方案》以

来的主要法规政策，尤其针对涉及海南国际自贸区（港）公共安全领域相关的政策予以分类和聚焦研究分析。

海南中金鹰和平发展基金会课题组认为引进国际化安保标准建设符合海南发展定位，且在自贸试验区进行试点过程中重点的公共安全监管法规需求和可能的特色创新规制。因此，建议相关部门可有效发挥基金会已形成的研究成果和国际资源，在海南自贸港国际安保服务制度建设与政策创新工作中发挥其自身立足海南的地缘优势和平台资源，推进国际安保标准的宣传、推广，及相关能力建设和培训工作。在当前政策框架内，在经费、人才、平台引进等扶持政策方面给予进一步的明确，以便为后期国际标准转化整体推进和具体工作创造有力条件。

第二，建议以国际安保规范协会国际安保研究项目为依托构建国际安保高端人才平台，政府部门与社会智库（海南中金鹰和平发展基金会）共同推动参与平台设计咨询工作。

国际安保项目有效转化和落地的关键在于人才引进与平台设计。国际安保规范协会目前在中国拥有两家认可的社团会员单位，海南中金鹰和平发展基金会开展相关《国际行为守则》和公布标准的法规研究、能力建设、培训工作具有先发优势。其在推广国际安保规范协会国际安保标准成果方面已具备较好的专家和人才团队，作为国际安保规范协会的社团机构会员，符合国际安保规范协会国际组织章程中赋予培训和能力建设权益，并可使用国际安保规范协会会员标识，具体培训课程等以中国社团机构为主。

随着自贸港建设的推进，根据地方配套政策和经费的保障情况，可进一步加强寻求国际机构的指导和参与，包括邀请国际安保规范协会总干事或负责培训的项目官员参与后期工作指导。

海南中金鹰和平发展基金会课题组建议海南省相关部门可有效利用基金会平台优势和外部资源，委托其牵头推进国际安保标准在海南自贸港建设框架下的落地，联合国际安保标准促进机构、中国社团会员机构主导开展平台设计咨询工作。以海南中金鹰和平发展基金会主持的"国际安保规范协会标准合作研究推广项目"为依托，积极构建国际安保实训基地和深化国际反恐专业合作建设，谋划培养高端国际安保服务专业人才能力建设平台。对目前完成的国际安保规范管理体系进一步探索，设计和建立一个以提高国际人才培养质量为核心，覆盖国际安保服务专业实训教学各个层面，多元化、高效的实践教学体系。遵循实训、教研和认证相统一，"走出去"的中资企业、安保企业和国内反恐机构等多方受益的原则设计，包括主动参与合作国内安全培训服务公司的培养计划，满足多个级别、多个专业、多门课程的教学与实践；高效模拟国际反恐实战场面，有效满足反恐实践活动的多样化需求；提供丰富的国际安保服务教学资源、师资培训等技术支撑，有利于海南自贸港开展国际安保学术交流活动组织、教师队伍（科研人员）建设和教学科研成果的转化。

第三，建议结合国内外经验引进各方资源共同构建国际安保标准能力建设一体化平台，政府部门与社会智库（海南中金鹰和平发展基金会）共同推动参与平台建设工作。

构建国际安保标准能力建设一体化平台是深化和推进国际自贸港公共安全立法政策创新的有力抓手。建议海南相关部门将平台建设纳入海南自贸港建设制度创新和项目建设框架，结合国际自贸港安保服务监管的主要模式、运行机制，对标国际陆上和海上安保服务标准，本着"立足国内、辐射海外"的思路，将国际安保服务标准、大型活动安保、中资企业防恐实训相结合，构建起集研究实训一体的能力建设平台。

平台建设工作的前提条件和关键是资金保障。海南中金鹰和平发展基金会前期已经开展了一些探索和对接工作。与国内多家安保企业探索国际安保（反恐）实训基地和一体化能力建设平台的投资建设。建议进一步谋划和拓展平台建设资金渠道，包括寻求政府部门配套资金支持；通过公开招标方式寻找合作企业的投资。积极谋求与有社会责任担当、社会效益与经济效益并重的一流的综合性安保企业共同建设。根据《海南省服务业扩大开放综合试点总体方案》等文件精神，把国际安保服务标准引进落地和一体化能力建设平台建设作为国家赋予海南建设全面深化改革开放试验区，参与推进服务业改革开放，加快发展现代服务业，塑造国际合作和竞争新优势的一项创新工程，促进建设更高水平开放型经济新体制，为加快构建新发展格局做出贡献。

综上，海南中金鹰和平发展基金会愿根据国际自贸港立法的总体目标，基于已有研究成果、品牌资源、合作伙伴、专家人才等资源，集合中央和地方对于海南国际自贸港出台的相关政策，在综合应用国际经验和国内特色等基础上，与相关政府部门、行业商协会、安保服务培训机构等积极磋商，参与立法政策研究工作，参与平台设计咨询工作，参与平台建设工作，为构建国际安保行业标准引进、推广、能力建设、培训一体化平台方案和创新服务，为海南国际自贸港快速推进和高质量发展提供支撑。

第二部分

海外利益保护与安全管理

中国安保走向世界的发展趋势

殷卫宏[*]

当前，我国海外利益安全正面临前所未有的严峻形势，海外安保遭遇全系统、多爆点、高烈度的局面。首先，在世纪疫情冲击下，经济、社会、政治危机在全球各国多点发作。疫情压力下不少国家的脆弱环节破裂，触发政治危机和社会动乱。其次，疫情加剧失业与贫困，直接诱发社会治安风险上升。再次，百年未有之大变局加速演进，美国加紧针对中国的围堵、对抗与挑衅；美西方打"人权""环保"等价值观牌，恶化我国际软环境，同时鼓动亲西方的人权、环保非政府组织干扰和阻挠我国海外项目的实施。这一切，都对我国安保企业在海外发展构成严峻挑战。

---

[*] 华信中安集团董事长。

一、海外中资安保企业现状

近年来，全球安保市场呈现供需两旺的态势。有机构统计，2021年全球安保市场规模超过3150亿美元，中国占近30%，仅次于美国。截至2021年底，境外中资企业总数近4万家，中国在境外直接投资超过1万亿美元，中国境外资产总规模超过7万亿美元，中资企业境外项目每年仅用于安保的直接投入都在100亿美元以上。伴随着中资企业"走出去"的步伐，中国民营安保企业在海外实践中也取得了一定发展，但仍然不能满足我国海外利益保护的需要。

（一）海外中资安保数量和规模都很有限

据公安部统计，截至2021年底，我国已有1.3万余家安保企业，640余万安保人员。但中国私人安保企业在海外从业的数量非常少。据德国墨卡托中国研究所2018年的数据，大约30—40家在海外经营的中国私人安保企业，雇佣了3200余名安保专业人员。2020年年初至今，在世纪疫情冲击之下，海外中资安保企业呈现萎缩之势。据中国保安协会统计，目前，在海外有经营实体且实际开展业务的中资安保企业仅20家左右，且受疫情影响，多数企业海外业务都出现不同程度的下滑。

（二）海外中资安保企业业务覆盖地域有限

从美西方智库对海外中资安保企业的研究可以看出，海外中资安保企业主要分布在"一带一路"共建国家。据霍普金斯大学保罗尼采高级国际研究学院2020年3月对中国在非洲的私人安保企业进行的研究，以及Oxus中亚事务学会2020年10月关于中国在亚洲的私人安保企业的研究，中资安保企业集中于南亚、中东、东南亚、东非、西非等地区。

（三）海外中资安保企业能力参差不齐

到目前为止，中国"走出去"的安保企业，在海外开展业务主要有以下几种方式：（1）随中资企业境外项目派出安保人员，这是目前安保企业开展海外安保业务最普遍的做法。一方面为赴海外工作人员提供安保服务，保护其人身及财产安全；另一方面为"走出去"企业驻地提供安保服务，维持秩序，护卫安全。（2）在境外与西方或当地有资质的安保企业开展合作。（3）在境外开设或者收购当地安保企业。（4）开展海上武装护航业务等。经过十多年的探索，当前已出现多家在海外发展可圈可点的民营安保企业。

（四）多数海外中资安保企业亏损严重

由于多数海外中资安保企业服务链条不完整，只能提供安全管理、安全培训等非核心、附加值低的业务，而受持枪、语言文化等方面的局限，只有极少数中国安保企业能提供情报搜集、风险预警、技防设计与施工、现场安保、应急救援、危机公关等在内的全链条服务。因此，到目前为止，海外中资安保企业的业务订单绝大多数都来自当地中资项目，拿到的外国订单很少，能打入西方发达国家市场的几乎没有。尤其是受疫情等因素影响，一些发展中国家货币贬值严重，海外安保服务原本微薄的利润，因汇率变化而出现不同程度的亏损。当前，多数中资安保企业的海外业务基本都处于苦苦支撑的状态。

二、中国安保未来拓展海外业务的发展趋势

世纪疫情等因素叠加，使世界各国尤其是亚非拉发展中国家受到巨大冲击，海外安保的机遇和挑战并存，中国安保企业要想在海外取得长足发展，必须在加强自身业务能力建设的同时，突破市场视野，加强资源整合，加深国际合作，不断探索安保服务新模式，走出一条属于自身的国际化安保之路。

（一）加强自身能力建设是中国安保企业走向世界的前提和基石

海外安保落地离不开一揽子安保解决方案，归结起来主要有以下五大核心要素：信息系统是先导，管理体系是保障，人力防范是基础，安全培训是核心，人才建设是根本。中国安保企业走向世界，必须围绕以下几点提升服务能力。

1. 信息系统是先导

"海外安保，情报先行。"中国安保企业走向世界，必须加强安全信息系统建设，及时了解和掌握所在国家和地区的政情、社情、恐情、治情、灾情、疫情、舆情等，为客户提供安全信息推送与分析研判、安全风险评估、脆弱性分析等服务，其中的重点是为客户提供即时安全信息报告和预警机制，并提出合理化的风险防范建议和措施。

2. 管理体系是保障

一个完善的安全防范体系，包括人员、工作流程/规章制度、装备/其他硬件，这三个要素相辅相成，缺一不可。如果说人员和硬件是实体措施的话，那么，安全管理流程和制度就像是黏合剂，将人员和硬件两大要素牢牢结合在一起。因此，中国安保企业未来应加强对东道国的田野调查，为客户建立和完善针对性强且切实可行的安保管理体系，以帮助客户提升安全管理水平，有效防范和规避风险。

3. 人力防范是基础

"三防"中的重中之重是人防，而合理配置并统筹协调好安保力量又是人防的重点。中国安保企业走向世界，必须建立一个熟知法律、懂管理、军事素质过硬且有丰富现场实践经验的优秀安全管理团队，协调、指导和监督当地安保力量，按照相应的标准和规范为客户提供安保服务，为客户建起有效的安全屏障。

4. 安全培训是核心

由公安部、外交部、商务部等五部委于2019年联合颁发的《境外企业外派人员安全培训指南》，对境外中资企业提出了明确要求，本着"谁派出，谁负责"的原则，对出国人员进行全员安全教育和应急培训。中国安保企业应通过线上与线下相结合的方式，建立实时、不断的培训机制，强化安保人员的安保理念和安全意识，使其除掌握所在国基本用语、法律法规、风俗禁忌、防恐、急救、应急避险，以及国际标准化组织与国际安保规范协会的相关标准和要求等专业知识外，还能遵循事前预防、事中应对和事后处置的原则，通过掌握到的安全信息，对当地的安全态势做出比较准确的分析，对客户所面临的风险进行准确研判，并提醒客户采取必要的防范措施，从而做到防患于未然。

5. 人才建设是根本

海外安保高端人才是事业发展的根基。中国安保企业要走向世界，必须牢固树立人才是第一资源的发展理念，优先对人才资源进行投入，做好吸引人才、培养人才、激励人才的工作。人才培养和储备的方向包括但不限于：通晓国际问题、风险管理的专家型人才，紧跟世界先进安保潮流的技术型人才，掌握安保综合技能的实战型人才，熟悉国际市场运作的经营型人才，拥有现代管理理念的管理型人才，善于进行危机公关和应急处置的公共关系型人才，等等。只有强化人才至上的用人观念，营造拴心留人的企业文化，优化权责分明的分配制度，建立科学的人资体系，才能为拓展海外安保业务提供人才保障。

（二）借助中国保安协会和中介组织的帮助，是中国安保企业走向世界的合理借力方式

中国保安协会可利用自身优势，积极与国内外同行交流，及时了解国际安保市场的发展动态及境外中资企业和人员的安全需求等方面的信息，推动建立海外安保服务标准，搭建企业与企业之间的合作交流平台、信息共享平台，并引导安保企业在境外加强自律，依法合规开展经营。律师事务所、研究智库、咨询公司、保险经纪等社会中介组织，则可为安保企业海外发展提供资信证明、投资方案、

安保市场需求信息、东道国法律法规咨询、风险转移等服务，使安保企业最大限度地降低海外发展的风险。

（三）提高技术含量是中国安保走向世界的重要发展方向

电子防护、卫星定位与通信、监控报警、人工智能等技术已经在国际安保市场占有重要地位，也是安保企业适应社会发展、满足市场需要、提高经济效益，尽快实现整体解决方案的一体化发展目标的重要方面。中国安防技术和产品非常成熟，性价比极高，中国安保企业在海外拓展业务的过程中，应充分利用好这一优势资源，在为客户提供专业服务的同时，积极与国际同行分享中国安防科技为安保业赋能的经验。

（四）加强与当地或世界优秀安保企业的合作，是中国安保走向世界的有益补充

中国安保企业既要加强与世界优秀安保企业的交流与合作，学习其成功经验，不断提升服务能力和水平，也要尽可能加强与东道国安保企业合作，以缩短熟悉当地市场环境和运营模式的时间，确保在当地顺利开展业务。当然，与外国安保企业的合作，必须充分利用资源优势，本着"以为我主，多边合作，双边合作共赢"的原则，使合作双方都能从中受益，同时，弥补中国安保企业地域覆盖有限的难点和法律准入受限的痛点。正是基于这样的初衷，华信中安集团于2021年在澳门倡导成立了"安保与风险管理企业联盟"，该平台是以《私营安保服务商国际行为准则》为原则，吸纳了国际安保规范协会的会员或准会员及其他利益相关方，致力于建立多边商业合作平台，促进企业会员在世界各地复杂环境中共同开发与推广安全和风险管理综合解决方案，最终形成以我主导、优势互补、覆盖多个国家的安保服务网络，打造安全情报信息、风险评估、综合安保解决方案、要人保护、危机管理、安防技术、保险和法律咨询、安保人力资源、行业经验分享等多个领域的资源共享和多边合作平台。

（五）收、并购是国际安保行业的通行做法，值得中国安保企业学习借鉴

参考借鉴国际安保同行的成功经验，因时、因地、因人、因实力与未来收益，而决定采取购买、合并或兼并国际优质安保运营服务企业，不断完善和壮大自身业务实力，吸收整合国际优质安保企业的业务体系及先进技术，进一步提升中国安保企业的国际化水平，促进安保企业资源的有效整合，发挥整体优势，增强综合实力和市场竞争力，提高安保企业海外发展的抗风险能力。

（六）加强"软环境"建设是中国安保走向世界的有力保障

一是严格遵守国际法、国际公约和东道国的法律法规。在一些政治动荡或武装冲突频发的高危地区，安保企业必须坚持防御的原则，坚决避免卷入当地政治和军事冲突，要特别注重遵守当地的风俗习惯和宗教禁忌，尊重人权，防止言行不当引发群体性事件甚至外交纷争。二是注重开展公共外交。只有与东道国政府和民众搞好关系，才能在当地深耕厚植、精耕细作、长期经营。同时特别重视与东道国非政府组织和国际非政府组织打好交道，及时了解当地的民情舆情，积极赢得东道国民众的信任与支持。三是树立正确的社会责任观念。积极履行在环保、就业、扶贫、减灾等方面的社会责任，并定期披露社会责任信息，树立中国安保企业负责任的良好形象。四是培养良好的海外安保企业文化。通过专业过硬、忠诚可靠、性价比高的优质服务，塑造中国安保企业的良好口碑和品牌形象，通过国际媒体宣传打造中国安保企业品牌名片，并积极倡导"世界安保一家人"的理念。

道阻且长，行则将至。相信勤勉、智慧的中国安保人，在海外安保大业中，努力为客户提供专业高效优质服务的同时，书写出史诗般的灿烂篇章。

风险社会与风险社会的新安保观

郭惠民[*]

谈到安全问题，现在论述最多的莫过于总体国家安全观中关于安全与发展的辩证关系，即安全是发展的前提，发展是安全的保障，或发展是安全的基础，安全是发展的条件。长期以来我们讲和平与发展，现在讲总体国家安全观，突出安全与发展。和平从某种意义上就是安全，强调安全显然是和平受到挑战面临威胁，即"不安的和平"。正如习近平主席2022年7月28日同美国总统拜登通话时所指出的，当前，世界动荡和变革两种趋势持续演进，发展和安全两大赤字不断凸显。

和平的对立面是战争，而安全的对立面不是战争，所以安全不是绝对安全，而是"更加安全"的相对安全，安全也可以说是一种平衡态。安全的反面是风险，绝对安全

---

[*] 海南中金鹰和平发展基金会高级研究员，中国国际公共关系协会常务理事，国际关系学院原副院长。

就是零风险，这是不存在的。总体国家安全观于 2014 年首次提出时，论述涉及 11 个方面的安全，可现在已扩展到包括政治安全、国土安全、军事安全、经济安全、文化安全、社会安全、科技安全、网络安全、生态安全、资源安全、核安全、海外利益安全、生物安全、太空安全、极地安全、深海安全 16 类安全于一体的国家安全体系，而且还在不断延展，属"包含但不限于"的正向论述。若我们从它的反面风险来看，或许能增加些新的认识和想象。因为从哲学高度看，反向甚至否定式的论述，更能摆脱单一的必然性，开启多样的可能性。譬如，风险面向未来，它因未知的不确定性，甚至"未知的未知"，令人们产生恐惧、担忧、焦虑、不安之感，属人们的认知，可一旦"变现""坐实"，即成了危机，而现实的危机又往往放大风险。这种风险、危机激发主观上的集体意识和价值想象，也能让我们看到安全"既是客观的存在，也是主观感受的结果"，它具有衍生性。

人类社会已进入世界风险社会，早在 1986 年，德国社会学家贝克就提出了"风险社会"的概念和理论。他认为，工业社会在为人类创造了巨大财富的同时，也为人类带来了巨大的风险，人为制造的风险开始充斥整个世界。后工业社会风险语义取代了经济语义，安全、稳定超越增长、平等，成为社会价值排序的优先。风险无处不在，风险无时不有，风险问题渗透到社会的各个领域，人类"生活在文明的火山上"，其所面临的生存困境及有可能潜藏的生存威胁可用"风险社会"一词来概括，人类防范风险、应对危机的能力与人类创造财富、创新发展的能力同等重要。随着全球化新浪潮的到来，贝克的《世界风险社会》一书于1998年问世，他指出：全球性与本土性的对比也因风险而出现"短路"，新类型的风险既是本土的又是全球的，或者说是"全球本土的"。

英国社会学家、剑桥大学教授吉登斯于1989年、1991年分别出版了《现代性的后果》《现代性和自我认同》两部著作。按吉登斯的说法，现代性略等同于"工业化的世界"，"最简单地说，现代性是现代社会或工业文明的简略表述"。它是区别于传统农业社会的一种社会制度或社会结构的模式，或者说是现代工业社会。但以工业化为代表的现代化在令社会物质财富急剧增长的同时，也让人逐渐感受到了社会不公、道德沦丧、灵韵黯淡和信仰缺失之苦，人与自然的尖锐对立，工具理性对价值理性的背离，贫富分化、利益板结导致的阶层对抗，等等。对此，贝克和吉登斯等学者断言人类进入了由现代性的"自反"所构建的"风险社会"，并提出要超越简单现代性所对应的工业社会形态发展逻辑"现代化—工业化—物质繁荣"，走向思考对应风险社会的"新的现代性""第二现代性"。

"全球现代性危机由人类过度发展产生，而人类的过度发展则建立在国家现代化范式之上。"[①] 实际上，社会的发

[①] 《杜赞奇：解决全球现代性危机，东西之间要竞争还是合作？》，中国新闻社，2021年9月9日。

展未必与经济的发展同步，当社会发展和人的观念与一路狂奔的经济高增长不适应、不协调，左脚踩右脚，右脚踩左脚，互相拉扯、割裂、冲撞、掣肘，矛盾、问题自然产生，真正的更新换代还有待几代人的努力。

按社会形态的发展，后工业社会之后是现在的信息社会，也就是说，后工业社会是信息社会的前夜，为此我们也见证了网络时代信息社会，尤其是人类的数字化生存对风险社会的推波助澜。网络尤其是社交媒体的出现，给我们带来了现实社会之外一个全新的网络虚拟社会。风险社会因网络信息（尤其在风险背景危机情景中）的海量加速传播，使风险得以迅速扩散和放大。2021年，意大利物理学家乔治·帕里西因"对理解复杂物理系统的开创性贡献"获诺贝尔物理学奖，他被人誉为"复杂"世界的探索者。霍金说过："我认为21世纪将是复杂性的世纪。"今天现实社会与虚拟社会、精英文化与世俗文化、大众传播与群体传播、意见领袖与"网红"社群并存，有图有"真相"，后真相的情绪化，再加上视频直播影响力、冲击力以及无厘头搏出位的"网红"走俏，亦虚亦实，真假难辨的镜像令世界变得更加复杂。吉登斯把当今新冠疫情称为"数字化流行病"，认为它深深卷入了一个数字化世界，"不是说世界在发展，然后病毒突然降临，而是我们正在经历的所有变化都是交织在一起的"。人类已经被此类复杂情形所困扰，未来的复杂程度还会加剧，现代世界的风险、危机就是人类面临的复杂系统的组成部分，召之即来、挥之不去。

面对当今百年未有之大变局背景下的全球风险社会，以及中国经济走入"双循环"的轨道，无论是公共安全还是海外利益保护，我们都亟待树立新的安保观。安保就是安全（security，如联合国的安全与安保部英文为 department of safety and security），如何认识风险、评估风险、化解风险？这是赋能安全与安保的有效之道。风险基于现实又面向未来，它因评估概率分布，探寻已知的未知。一般环境越稳定，我们就越能预测未来；但若环境复杂，变动剧烈，未来充满不确定性，或不确定性大于确定性，我们无法给出未知风险其概率分布，与风险同存共舞就成为当今社会人类生存的基本常识。现代物理学中有"不确定性原理"，又称"测不准原理"，实际上它告诉我们，在现代混沌复杂的世界里，人们对未来的预期和预测难度不断提高，"复杂化是具有生命力的，复杂化是无限多变量相互作用的结果"[①]，这个世界再也难以按照传统"因果律"的线性模式推理未来，我们无法穷尽对复杂性的认知、触及复杂性的终极状态。风险社会及其高度复杂性和高度不确定性条件下的行动既不可能也不可以建立在对因果关系的认识和把握的基础上，而是需要超越逻辑推理建立在直观和想象的基础上。当不确定性成为风险的代名词，创造未来比预测未来更重要。

现在人们经常谈到的"黑天鹅"和"灰犀牛"概念，

---

① 朱嘉明：《复杂和危机的关系》，《零壹财经》2021 年 11 月 13 日。

大致也说明了上述可预测和不可预测的风险。"黑天鹅"是指那些出乎意料发生的小概率高风险事件，一旦发生影响足以颠覆以往任何经验，具不可预测性。"灰犀牛"是指大概率且影响巨大的潜在危机，是太过于常见以至于人们习以为常的风险，是可预测的。《黑天鹅》的作者纳西后来又写了一本书——《反脆弱》，有人把它视为《黑天鹅》的续集或升级版。实际上，现代化因其系统性、关联性、复杂性、放大性、加速性等特定属性，将持续伴随着脆弱性。《反脆弱》讲到，在一个"黑天鹅"的世界里，我们要增强对风险的感知和承受力，提升对风险的评估和控制力，主动积极应对风险，而非被动消极处理危机，并从不确定性中获益。

风险社会是现代社会的高级、复杂形态，无以回避，不可逆转。进入到后真相时代，网络所开启的虚拟与现实融合的社会行动空间，其对现实社会的"再造"，使公共景观和个人体验交叉叠变，多元、差异、分歧成为常态。风险既是客观存在的不确定性因素，也是主观认知和想象的产物。减弱"黑天鹅""灰犀牛"的影响冲击，减少更多的次生灾害并及时止损，对话沟通是连接主观与客观，消除不确定性，重构认知与想象的必要过程。高举全球化大旗，倡导人类命运共同体"共同安全"的理念，积极开展我们有着"人民外交"优良传统的公共外交（民间外交），"以人为本"促进"民心相通"，有助于人类共同直面全球风险社会，维护世界和平和安全。

国际重大赛事私营安保服务选聘新趋势[①]

袁 榕[*] 周章贵[**]

2022年5月31日,私营安保服务供应商国际安保规范协会和体育与人权中心联合举办了题为"大型体育赛事、私营安保和人权:2022年卡塔尔世界杯和英联邦运动会"的线上国际研讨会。各方专家就国际重大赛事中私营安保的角色以及近来重大赛事日益强调人权风险评估的整体趋势进行分析讨论,卡塔尔世界杯及英联邦运动会相关负责人就赛事活动人权风险尽职调查及大赛安保组织方面的经验开展了交流分享。会议认为,私营安保是国际重大赛事整体安保服务中重要的一环,需要尽早被纳入安保组织过程,且私营安保人员需接受相关培训,以提升其素养及能

---

[*] 国际安保规范协会外联和研究助理,荷兰莱顿大学博士生。

[**] 海南中金鹰和平发展基金会高级研究员,浙江大学非传统安全与和平发展研究中心特聘高级研究员,国际安保规范协会观察员。

[①] 原文于2022年7月17日在海南中金鹰和平发展基金会微信公众号、官网首发。

力，适应大赛的人权相关规定。国际重大赛事的主办方和赞助商也应出台相关规定，使对私营安保公司人权因素的审核始于招投标过程，并在赛事筹备的各个环节配合接受监督和调查。

一、国际重大赛事中的私营安保参与及定位

体育与人权中心首席创新与合作官大卫·格雷温伯格在会议中指出，保障国际重大赛事的安全主要包括四方面的内容，即反恐、治安保卫、公共治安和财产设施保护。所有的安保设施和人员安排都围绕上述四点任务展开。而在安保人员构成方面则大致包括部队、警察、志愿者与场馆内活动统筹及支持人员四类。而私营安保，在他看来则是介于警察与统筹人员之间的力量。私营安保人员的职责也因具体情况而异，其任务可包括保护特定设施和场馆，引导疏导人流在内的一系列内容。又因赛事承办国国内客观能力条件、赛事承办经验以及具体法律法规存在差异，所以私营安保人员任务的安排也呈现出了一定的复杂性和多样性。

二、国际重大赛事中的中国安保经验与特点

中国在承办国际重大赛事方面的经验较为丰富，在安保支持方面的完备性也是有目共睹的，比如2008年北京奥运会及残奥会、2022年北京冬奥会及冬残奥会等都获得了来自世界各地的运动员、观众和官员的较高评价。

在承办国际重大赛事方面，中国一直强调要不遗余力做好大赛的各类保障工作。以2022年北京冬奥会和冬残奥会的安全保卫工作为例，在2021年10月27日召开的动员部署会议上强调，"要深入贯彻落实习近平总书记关于北京冬奥会、冬残奥会筹办工作的重要指示精神，坚持'万无一失、一失万无'标准，坚持'细致、精致、极致'作风，坚持最高规格、最严部署、最强措施，以强烈的政治担当、使命担当、责任担当扎实抓好各项安保措施落实，确保北京冬奥会、冬残奥会安全顺利举办"。[①]

中国在国际重大赛事安保计划制订方面也有较为明显的特征，即更常利用公共安全力量，多调动公安部门及部队人员，而并非直接雇佣私营安保公司提供安全服务。此外，中国方面也十分强调安保的技术层面，包括对反恐、

---

① 《北京2022年冬奥会和冬残奥会安全保卫工作动员部署会议召开》，2021年10月28日，http://baijiahao.baidu.com/s?id=1714832796619956384&wfr=spider&for=pc。

刑侦、缉毒、网络安全、无人机及识别类技术等的应用，而在私营安保人员整体综合素养培训方面则显得重视不足。因此，有时国内也存在着私营安保人员素质良莠不齐的状况。但是，这并不代表私营安保在中国没有机会参与到国际重大赛事的安保支持进程之中。私营安保在备战重大赛事期间往往起到了不可或缺的辅助作用，如场馆建设期安保、设施安保、场馆秩序维持、运动员宾馆安保及要人保护等。但是，一些国内私营安保公司也表示，在国际重大赛事中，安保任务还是由国家部门负责总领，再经由层层外包，下达至各私营安保公司。而在此分包过程中不可否认的一点是，在国际重大赛事私营安保人员选用方面，国内尚未出台非常明确的标准和规则。

三、国际重大赛事私营安保服务选聘新趋势

目前，承办国际重大赛事的国家在选用私营安保服务时愈发强调人权保障因素，即在招标过程中做到既强调风险评估，也兼顾人权影响评估。而人权方面则又包含两层主要内容：首先，私营安保人员要在执行任务时做到尊重人权，符合国际行为守则中的规定。其次，私营安保人员的基本权益，如薪酬和安全的工作环境也要得到充分的保障。

在国际安保规范协会和体育与人权中心合办的研讨会中，来自2022年卡塔尔世界杯负责劳工权益及福利的马哈

茂德·库塔布指出，卡塔尔在保障世界杯服务人员基本权利方面做出了非常大的努力。卡塔尔政府一方面加强了相关立法以保护移民身份劳工的基本权利（如无差别最低薪酬）不受侵犯，另一方面也强调要确保项目中涉及的所有人员均能拥有适当的工作条件。在招投标方面，卡塔尔方面规定所有参与公司必须在合约中保证所有雇员在合约所规定的时间内，其基本权益，包括薪资、加班时长、住宿以及使用医疗等其他相关服务等均能得到完整保护。同时，也有四个部门分别对所有候选者进行了尽职调查，即企业对供应链自查、赛事当地统筹组织方审核、独立外部第三方审查以及相关政府部门审查（如劳工部）。而在私营安保方面，在投标的23家公司中，只有8家公司能够做到符合所有标准。另外，库塔布还表示，被淘汰的企业如果能够积极改进工作，并在日后证明其已能够达到国家和有关部门制定的标准，那么这些公司仍有机会参与到后续项目的竞标过程之中。因此，这种由国家推动，并在专业团体提供建议下推出的标准非常有利于企业不断完善自己的工作和员工权益保障制度，并从而帮助企业在国际舞台上更具竞争力。

在尽职调查所涉及的内容及要点方面，库塔布则指出需要主要考虑三个方面：赛事前评估相关公司是否能够做到符合所有规定及要求；大赛进行过程中对各场馆内服务人员的直接访问，并确保他们的基本权益不遭受侵犯；在大赛之后则需要敦促各方尽快解决及弥补赛事举行过程中出现的问题。除由监督人员现场调查发现问题之外，大赛方面、劳工组织及公司也都应建立投诉和申诉机制，保证对实名和匿名举报进行一视同仁的调查，并保证举报者的个人隐私及人身安全。

四、对接国际标准 提升能力建设

虽然各国国内法律法规及大赛承办经验及能力不尽相同，但是尽快形成一套国际标准将对之后平稳顺利举办国际重大赛事具有指导性意义。中国也同样注重大型国际体育赛事安保经验方面的交流，但是其侧重往往在于公共安全部门。备战2022年北京冬奥会的过程中，北京市公安局于2018年10月25—26日举办了主题为"加强国际警务合作 共保北京冬奥安全"的大型国际体育赛事安保经验交流会。该会议邀请了来自包括加拿大、芬兰、法国、英国、德国、意大利、日本、韩国、俄罗斯九个国家的警务部门。同时，国际奥委会、国际刑警组织也派出了安保警务部门负责人、安保专家及有关代表参会。

北京冬奥会之前，国际奥委会也聘请第三方独立审计机构对北京冬奥会生产自有品牌产品的供应商进行了尽职调查。国际奥委会在2022年1月19日发布的官方调查报告中明确指出，在进行该尽职调查的过程中，为保证调查的真实可靠性，第三方调查人员格外注重与普通员工的直接接触，并避免了管理层的干预。这也使得调查人员能够对包括歧视及性骚扰在内的一系列敏感问题进行细致地询问。最终的调查结果也显示这些供应商符合国际奥委会的《供应商守则》，奥委会未发现任何强迫劳动、抵押劳动、契约劳动或雇佣童工等现象。

中国在私营（民营）安保参与国际服务和项目运营领域仍需要进一步完善规则制定，以期尽可能地填补国内法律法规与国际准则之间的衔接问题。在这一方面，总部位于瑞士日内瓦的私营安保服务供应商国际安保规范协会可提供必要支持。国际安保规范协会成立于2013年，致力于国际安保行业标准提升并监督服务提供商及利益相关者遵守《私营安保供应商国际行为守则》及《蒙特勒文件》中所载规则。目前，中国政府已经签署了《蒙特勒文件》，也在多个国际场合及会议中对国际安保规范协会的工作表示了支持。在国际重大赛事相关供应商选用日益强调人权因素的大背景下，国际安保规范协会新近发布了关于如何选用负责任私营安保业务的采购指南，有助于赛事组委会及相关服务商根据指南所载内容在招投标阶段提升资质审核要求和审核能力，促进相关部门进一步出台完善详尽、清晰的采购细则。目前，国际安保规范协会已制作完成中文版《防止性剥削和性虐待》等课程，也将进一步协同中国会员机构为有需求的安保服务机构和人员提供有助于熟悉国际行为守则及提升职业素养的培训课程，以助力相关方提升国际项目服务的合规性能力建设。

数据跨境流动安全风险及法律治理研究

贺胜男[*]

2023年是共建"一带一路"倡议提出十周年。十年来，中国通过"一带一路"建设，不断推进文明互鉴、开放合作，通过共商共建共享原则增强各国发展动能，推动经济全球化不断向前，发展成果实实在在地惠及各国人民。[①] 在共建"一带一路"倡议框架下，中国与共建国家开展了基础设施建设、产能合作、贸易流通、人员往来、金融合作等方面的互联互通，这必然涉及大规模的跨境数据传输和流动。

当今时代，数据成为国家基础战略性资源和重要生产要素，同时也是经济转型发展的有力引擎和社会治理的有效工具。2018年"脸书"被曝出将个人数据非法用于政治

---

[*] 西南政法大学白昃战略研究院研究助理。
[①] 陈靖斌：《万和电气董事长卢宇聪：聚集产业 沿着"一带一路"坚定前行》，《中国经营报》，2023年9月19日。

目的从而干扰美国大选；同年万豪旗下喜达屋酒店由于黑客入侵导致 5 亿客户个人数据被窃；2021 年"滴滴出行"打车软件被控违法收集多类敏感信息，包括人脸识别信息、精确位置信息、身份证号码等。此类事件无不体现着数据安全的重要价值。[①] 同时，世界各国和地区在个人信息保护、数据监管方面理念和做法存在差异，发达国家已建立起较为完善的数据监管体系，而大多数"一带一路"共建国家的数据法规建设仍不完善。参差不齐的数据治理能力加之基础设施薄弱，使得"一带一路"背景下的数据跨境流动面临诸多安全风险，比如数据泄露、网络攻击、权益冲突等。这些风险如果得不到有效防控，将会严重阻碍"一带一路"的顺利推进。

因此，本文在共建"一带一路"倡议实施的背景下，关注"一带一路"共建国家的数据跨境流动相关的风险治理问题，同时通过对比分析域外数据安全治理规制和模式，旨在提出改善数据流动管理、提高数据安全保障水平的对策建议，为推进"一带一路"建设提供理论支撑和实践参考。

[①] 赵骏、翟率宇：《"数字丝绸之路"国际规则体系逻辑架构——以实体化"一带一路"实践为鉴》，《商业经济与管理》2022 年第 7 期，第 56—69 页。

一、共建"一带一路"中数据跨境流动安全风险分析

数据跨境流动的基本含义是数据跨越国界和地区界限的流动。如中国企业与"一带一路"共建国家进行信息系统互联,中国用户的个人数据传输至"一带一路"共建国家,"一带一路"共建国家的数据进入中国境内。从法律层面看,数据跨境流动表示数据流动主体之间处于不同的法律监管体系之下。例如中国企业按照中国法律处理用户数据,但数据传输至欧盟后需要遵守欧盟的《通用数据保护条例》。数据跨境流动的形式多种多样,包括企业内部数据传输、个人通信数据传输、云存储数据、跨境电子商务、外包合作、政府部门信息交换以及金融监管信息等。[1] 多形式的数据流动以及"一带一路"共建国家参与数据传输共享必然导致多方面的数据安全风险危机。

(一)国内有关数据跨境流动立法尚不完善

我国关涉数据跨境保护层面的立法散见于超过 200 部法律法规中,其立法设计整体级别不高。其中,《网络安全

---

[1] 李海英:《数据服务跨境贸易及调整规则研究》,《图书与情报》2019 年第 2 期,第 11—15 页。

法》对数据跨境传输的规定较为笼统，比如没有规定不同类别数据的跨境传输风险评估和安全保护要求；对数据本地化政策缺乏明确指导意见，给企业执行带来困难；对违反法规进行数据跨境活动的处罚措施不够明确具体，以及跨境执法协作和求助机制有待进一步制度化等。同时，《网络安全法》以及相关配套制度并未详细说明何为"重要数据"，仅将数据按照依附主体原则简单划分为个人信息、重要数据，这种分类在"一带一路"数据跨境流动实践中可能存在操作困难。[①] 事实上，数据分类并非终极目标，而是应以数据风险等级设计形成相应的保护措施。而《个人信息保护法》仅涉及数据跨境流动中部分主体类型，主要是针对个人信息的收集、存储、使用、共享和传输进行规定，而在"一带一路"数据流动中，不仅涉及个人信息，还有企业运营数据、行业及公共数据等多种类型。同时，《个人信息保护法》也仅规定了个人敏感信息的限制，没有区分不同类型个人信息的差异化安全要求。所以，我国有关数据跨境流动方面的法律法规难以全面规范"一带一路"范围内复杂的数据流动风险和问题。

[①] 齐鹏：《"一带一路"数字经济数据跨境传输共享治理场景建构》，《北京工业大学学报（社会科学版）》2022年第2期，第118—130页。

（二）"一带一路"数据跨境流动区域性规制合作机制和规则缺失

目前，对于数据跨境流动大多数国家主要采取单边立法模式。例如印度通过《个人数据保护法》草案，要求个人数据只能在印度境内进行存储和处理，力图限制域外科技公司在印度市场的不断扩张。[1] 俄罗斯也修改了相关法律，两次明确规定俄罗斯公民的个人数据必须储存和处理在其境内。在这种单边立法模式下，有关国家仅仅基于自身安全考虑，要求对数据跨境活动中存储、传输各环节全面控制，过分追求数据本土化的主张和措施可能导致区域性合作规制机制无法运行，使得与域外国家交流成为一种奢望，且可能影响共建国家数据传输保护合作信心，同时在很大程度上失去进一步与共建国家交换有关数据跨境传输规制经验的可能。

此外，由于历史文化、宗教传统、政治经济等方面的原因，共建国家法律环境更为复杂，既有大陆法系、普通法系，也有伊斯兰法及习惯法等法律文化的集合体，各国法律冲突较大，达成高水准国际准则难度巨大。例如，中国—东盟智慧城市合作、中国—中东欧数字经济合作、中国与非盟和非洲国家各领域合作涉及数据跨境流动的情况，都要结合当地需求和条件来适用相关法律规定。现有的跨

---

[1] 胡文华、孔华锋：《印度数据本地化与跨境流动立法实践研究》，《计算机应用与软件》2019年第8期，第306—310页。

境数据安全保障规则包括经济合作与发展组织、亚太经济合作组织等国际组织发布的文件以及自由贸易协定中的数据跨境流动条款等,但这些规则远远无法覆盖"一带一路"全域,也未能嵌入区域统一的跨境数据传输执法机制。

(三) 尚未设置适宜共建国家的跨境数据执行机制

共建"一带一路"倡议秉持利益共享、责任共担、命运共同体的原则,并非仅依靠一国国内单独执法就可规避数据跨境流动风险,往往还需发挥各国执法合力,形成统一数据传输执法机制。但目前为止,"一带一路"数据跨境流动执法机构尚未形成统一合作模式,欧美等国不希望其他国家或区域抢先设计出服务全球各国的数据跨境流动统一执法机构,因此,它们尽可能地干扰相关设计思路,并积极倡导有利于发达国家的执法机构。[1] 同时,多元交易主体共同交织的"一带一路"共建国家大多仅仅倚重政府执行手段,尤其是在涉外因素的裹挟下,企业、个人和行业组织往往被拒之门外,这使得其对于数据传输合理诉求被忽视,容易激化各数据传输主体间的矛盾。因此,在设计"一带一路"数据跨境流动执法机构时,有必要强调其他参与主体的合理诉求。

---

[1] 黄道丽、何治乐:《欧美数据跨境流动监管立法的"大数据现象"及中国策略》,《情报杂志》2017年第4期,第47—53页。

（四）对于数据传输后的评估监督机制并不完善

对于数据跨境流动，许多国家会同意与数据传输安全程度较高的国家签署数据传输协定，并将这些国家列入数据交换"白名单"，[1] 以保证数据出境后的安全。这种做法强调评估并筛选数据接收国的安全保护能力，需要一种相对完善的数据评估监督机制。我国现有数据评估标准在一定程度上参考了以上制度原则，但事实上并未形成"白名单"制度，也尚未具备评估筛选数据接收国数据安全保护的能力。在实践中，我国的数据保护监管机制仍存在明显缺陷。各监管部门之间职责割裂，没有建立统一、常设的数据跨境流动监管机构。这削弱了企业与政府之间的互信基础，也难以有效应对共建"一带一路"背景下增加的跨境数据传输需求。[2]

同时，当前的监管机制与国际数据流动的规模和速度不相匹配。一是全球数据流量正在快速增长，预计到2025年全球数据流量将达到4.2ZB，[3] 但是当前针对数据本地化、隐私保护等问题的监管规则制定与更新速度跟不上数

---

[1] 截至2023年7月10日，欧盟《通用数据保护条例》（DDPR）公布共有15个国家被正式列入欧盟数据跨境"白名单"。

[2] 惠志斌、张衡：《面向数据经济的跨境数据流动管理研究》，《社会科学》2016年第8期，第13—22页。

[3] James Manyika, Jacques Bughin, Jonathan Woetzel, "Digital Globalization: The New Era of Global Flows", Mckinsey Global Institute, 2018, pp. 2 - 23.

据流量的增长。二是数据传输链条复杂，监管存在空白，一个国际数据传输链条可能涉及多国参与，数据可能在云服务商服务器间多次传输，这使得监管部门难以跟踪数据的流向并监测数据的使用。"一带一路"共建国家数据流动基础设施薄弱，超过半数跨境数据传输活动不存在可监测的审查机制。而自行建立的监管机构标准不统一，覆盖面有限。其一旦发生数据泄露或滥用，往往无处申诉，这势必会损害"数字丝绸之路"建设的积极性，从而削弱各国数据保护法规的实际效力。

二、共建"一带一路"背景下数据跨境流动法律规制形塑路径

作为共建"一带一路"倡议的发起国，中国需要前瞻性思考，在兼顾各国利益诉求的基础上，协调数据跨境发展与限制之间的冲突，为区域内国家间的经贸往来打通法律障碍。在此背景下，中国应结合共建"一带一路"实践需要和国际发展趋势，积极推动相关国家就数据跨境流动法律规制进行协商和设计，形成开放、包容、共赢的数字经济治理模式。

（一）完善我国相应的数据跨境流动法律法规

我国需出台专门性立法细化数据跨境流动分级规范。进一步明确重要数据的定义，并结合行业特点，细分不同类别的数据，建立分级分类管理制度。可以参考国外相关数据分类标准，结合我国国情，初步建立数据的风险等级和敏感程度分类，[①] 在此基础上，根据不同行业的特点，细分重要数据和核心敏感数据的范围。例如在金融行业可以将包含用户资产、交易等信息的数据库设定为核心敏感数据；在通信行业可以将业务数据和用户信息设定为重要数据。将不同等级和类别的数据纳入分类目录，建立动态更新机制，并提供操作指引，降低企业执行难度。对于个人信息的跨境流动保护，在立法过程中需要做到以下几点：扩大保护范围，不仅限于自然人的个人信息，还应包括法人和非法人组织的相关信息，提供更全面的涵盖范围；明确敏感个人信息的范围，加强对特定身份信息如医疗健康、财产、通信内容等的保护；建立严格的收集和处理规范，限制跨境传输。

（二）软硬法相结合，形成数据跨境流动合作新模式

基于"一带一路"区域内复杂的文化差异性，有必要利

[①] 刘益灯、宋歌：《DEPA 协定下中国参与跨境数据流动规则制定的机遇与策略》，《法治论坛》2023 年第 2 期，第 17—35 页。

用软硬法相结合的手段，尽快形成一个既尊重区域文化多样性，又能促进参与各方相互信任的数据跨境流动合作新模式。在这一模式下，软法规范可发挥引导和规约作用，让相关国家或机构自愿达成数据流通、数字合作的指导原则和行为规范，体现共同认可的价值理念。可以借助国际组织平台参与相关议题磋商，发表各国意见，形成合作意向，就"一带一路"数据跨境流动规制事宜达成谅解备忘录，不断准确把握各方利益关切。

与此同时，还需要通过各方协商确立硬性的法律制度，明确数据分类标准、安全保护措施、个人隐私保护等底线要求，为软法规范的执行提供法治保障。在立法过程中，充分尊重各国的文化传统、社会发展水平等差异，反映区域内的文化包容性。如果出现争端，可通过建立法治化的区域争端解决机制来化解分歧，维护合作稳定。各国应加强沟通对话，就涉及文化敏感问题积极展开协商，增进互信。企业实践也应发挥示范作用，带头遵守数据合作法律规范。通过软硬法结合，既可在理念层面体现开放包容，又可在制度层面提供合作保障，有助于促进形成合作共赢的"一带一路"数字治理模式。

（三）建立数据跨境流动统一执法机构

"一带一路"区域内的数据跨境流动涉及多个国家，建立高效的跨境数据执行机制势在必行。对于数据跨境流动的执法难题，应做到：第一，吸收借鉴国际成功经验，同时考虑各国国情差异，设立统一的、专业化的区域性数据跨境管理机构，明确其执法职责；第二，充分发挥企业自律作用，建立数据传输行业规范，实现政企合作监管；第三，推动"一带一路"共建国家开展跨境执法合作，实现信息共享和联合执法，提高工作协同性和效率；第四，建立完善的争端解决机制，及时化解数据跨境流动中的纠纷。通过多方参与、务实高效的设计，不仅有利于统一监管标准，还可以提升跨境执法效率，从而更好地服务于"一带一路"区域内的数据合作与发展。

2010年建立的全球隐私执行网络计划，是在数据全球化背景下，促进跨国之间在隐私保护执法方面合作的一个重要尝试。[①] 至今，一些国家和地区的相关监管机构已经加入了该计划。这标志着越来越多的国家认识到，在数字经济时代，数据和隐私保护需要跨境合作，单靠一国力量是难以有效规制的。这个全球隐私执行网络为各国监管机构提供了一个协调执法的平台，促进了跨国间的信息共享、执法协作和规制经验借鉴。这对推动不同国家和地区在隐私保护规定和监管标准上的逐步接轨，都具有积极意义。当然，该计划的参与者还比较有限，要真正成为全球化的合作平台还任重道远，但它的建立是朝着协调全球隐私执法合作方向迈出的积极一步。

---

① 徐明：《大数据时代的隐私危机及其侵权法应对》，《中国法学》2017年第1期，第130—149页。

（四）完善数据跨境流动后的评估监督机制

首先，借鉴欧盟有关数据评估监督的"白名单"制度。《欧盟网络与信息系统安全指令》第 28 条专门针对向第三国传输数据进行了规定，它要求欧盟成员国个人数据传输到非欧盟国家时，必须指定一个公共机构认定该成员国是否符合数据传输的安全标准。同时，《通用数据保护条例》第 37 条引入保持充分独立性的数据保护专员制度，这一设计确保企业有独立的专员针对数据处理合规性进行监督，保障数据主体权益。数据保护专员已经在欧盟企业中广泛设立，发挥了重要作用。

其次，可以由相关国家的数据监管部门和行业代表组建"区域数据安全监督委员会"。该委员会应定期召开会议，汇聚各成员国的监管意见，识别区域数据流动中的安全隐患。同时，其可定期发布区域范围内的数据流动态势分析报告，总结各国监管措施效果，提出区域数据流动监管政策建议。提高数据在跨境流通过程中的可控性，为企业和组织的国际业务提供法治化的规则指引和监督约束。

最后，有必要加大行政处罚力度，明确非法使用和处理跨境流转数据的法律责任，增加违法成本。[①] 这可以促使相关企业和个人提高风险意识，自觉加强内部控制，遵守

---

① 齐鹏：《数字经济背景下"一带一路"跨境数据传输的法律规制》，《法学评论》2022 年第 6 期，第 165—179 页。

数据本地化和安全评估相关规定。

通过上述法规、制度和技术手段的综合运用，全面加强对数据跨境流动的监管，最大限度地锁死数据安全风险的源头，实现从政府监管到行业自律、企业自主控制的多层次联动，保证跨境数据合法有序、安全高效流通。

结　语

当前，全球经济增长日益依赖于跨境数据的流动。构建"一带一路"数据跨境流动的法律规制体系，不仅是推动共建国家经济发展的关键前提，也是"一带一路"共建国家提升在全球经济治理中的制度性话语权的重要组成部分，更是维护区域数据安全的必要措施。完善的数据跨境流动法律规制，既要平衡好发展需要与安全风险，又要兼顾各国利益，需要长期积累经验、不断完善。"一带一路"共建国家应共同推动数据跨境法治建设，形成开放、协作、共赢的新型治理范式，以更好地适应和引领数字经济发展新趋势。

第三部分

国别与地区问题研究

美国构建"数字同盟"及其影响

杨 楠[*]

2021年6月15日,美国总统拜登与欧盟委员会主席范德莱恩在布鲁塞尔举行联合峰会。会上,双方共同发起成立贸易与技术委员会[①]。贸易与技术委员会的成立是美欧双方组建"数字同盟"的标志性举措,或将对未来中美关系走向产生重要影响。

在拜登政府的战略构思中,"数字同盟"将成为美国对华战略的关键,对其探讨具有重要意义。本文将首先探讨美国构建"数字同盟"的具体措施和路径,其次分析美国组建"数字同盟"对中美关系的影响,最后做出简要政策建议。

---

[*] 海南中金鹰和平发展基金会高级研究员,中国社会科学院美国研究所副研究员。
[①] U. S. Department of State, "U. S. – EU Trade and Technology Council (TTC)", https://www.state.gov/u-s-eu-trade-and-technology-council-ttc/.

一、美国"数字同盟"的设立背景

美国组建"数字同盟"主要目标是加深同盟间科技与数字贸易合作，构建技术包围圈。具体将聚焦于七个领域，包括：（1）深化双边数字贸易投资；（2）避免新兴技术性贸易壁垒；（3）促进数字、科技与供应链等关键领域合作；（4）促进双方科技研发领域合作；（5）促进国际标准开发的合作；（6）促进监管与执法合作；（7）促进美欧私营部门和企业在全球的创新与领导能力。

美国组建"数字同盟"涉及了诸多具体议题。以贸易与技术委员会为例，其在对话机制下建立了十个工作小组，负责落实上层政治决策，协调技术界和政策界对接，并定期向双方政府汇报工作，具体包括：技术标准合作、气候与环境科技、供应链安全、数据治理与技术、科技与人权问题、出口管制、投资审查、促进中小企业数字化能力、应对全球贸易挑战等。在此基础上，贸易与技术委员会还要求双方共同拟定一套"联合技术竞争政策对话框架"，该框架旨在强化美欧在技术领域的竞争能力，并强化执法方面的合作力度，同时针对这些议题制定共同行动方案。[①]

[①] The White House, "FACT SHEET: U. S. – EU Trade and Technology Council Establishes Economic and Technology Policies & Initiatives", May 16, 2022, https://www.whitehouse.gov/briefing-room/statements-releases/2022/05/16/fact-sheet-u-s-eu-trade-and-technology-council-establishes-economic-and-technology-policies-initiatives/.

美国以多轨策动同盟建立。相关机制均将通过定期举办会议来确定合作事宜。贸易与技术委员会由五名官员共同担任主席，包括美国国务卿布林肯、美国商务部长雷蒙多、美国贸易代表戴琪、欧盟委员会负责技术竞争事务的副主席维斯塔格、欧盟委员会负责贸易事务的副主席杜姆布罗夫斯基斯。此外，该委员会表示，将酌情邀请美欧政界和学界的代表人物参加会议，确保以"全政府"形式对具体问题进行集中讨论。此外，"数字同盟"也是"四边机制"的首要议程。这种合作建立在此前四国之间建立的双边或"小多边"机制，包括2016年美印签订的《美印网络关系框架》、2020年印澳日签署的《三方网络安全协议》、美澳《关键技术领域合作协定》以及美日《5G技术和关键基础设施协定》等。此次会议联合声明中指出，将建立一个"高级网络小组"，吸纳四国网络安全人才，其未来一段时间内的主要工作是"推动印太地区网络硬件的'去中国化'"以及"强化印太地区国家的网络弹性"。

自拜登政府执政以来，美国在组建"数字同盟"方面已有多项动作。首先，美欧同步宣布应对全球芯片短缺计划。根据POLITICO新闻报道，2021年6月，来自美欧的有关人员召开会议，促进芯片制造领域的跨太平洋合作，并在该过程中整合双边技术规则。其次，在G7会议结束后，贸易与技术委员会中负责全球竞争的官员继续在布鲁塞尔召开闭门会议，确定将意识形态作为双方未来数字领域科技发展中的要素。最后，美欧初步确立将量子科技作为未来合作研发的首个目标，力图在该领域削弱中国优势。①

二、美国构建"数字联盟"的具体措施

（一）宣扬"技术伦理"，加速"科技战"

自拜登执政以来，美国尝试将意识形态因素融入科技战略，塑造所谓"数字民主国家"与"数字威权国家"的分割对垒。美国"数字同盟"具有明显的意识形态色彩，将在"民主"价值观的基础上，为同盟间在全球贸易、经济和高科技领域的关键问题提供协商平台，进而深化大西洋经贸与科技关系。

俄乌冲突爆发后，美国继续宣扬该论调，并呼吁包括德国、法国、以色列以及印度等相对"技术中立"的盟友国家加入所谓"数字民主国家"阵营，强化对抗色彩。2022年4月初，美国国家安全事务副助理辛格访问印度，就俄乌局势渲染威胁，并对印度政府采取的"中立姿态"进行施压，要求其在网络安全、科技和数字等领域支持美方战略。

---

① Samuel Stolton, "EU and US Pitch 'Policy Dialogue' for Big Tech Crackdown", POLITICO, May 14, 2022, https：//www.politico.eu/article/eu-us-pitch-policy-dialogue-for-big-tech-crackdown/.

(二) 策动科技产业链流出中俄，强化技术壁垒

自俄乌冲突以来，美国已对俄罗斯实施了多轮制裁，涉及经贸、能源、科技、半导体和金融等领域。其中，由于美国新的制裁规则，台积电、AMD、英特尔等芯片巨头均已暂停对俄罗斯交付产品。目前，随着制裁力度加大，美国"数字同盟"对俄罗斯发起限制或断供的科技企业名单仍在刷新，且开始将矛头指向中国。在美国内，美国战略界继续以"小院高墙"理念推动科技产业链从我国境内流出。例如，据路透社报道，美国会正在商议大规模补助案，要求扶助美国芯片研发及制造商扩大产能、增强发展。值得注意的是，该国会草案文件显示，此项立法将严格限制美国厂商，要求其不得投入巨资在我国境内设立芯片厂。此外，备受关注的《美国竞争法案》也于近日迈入立法前的"冲刺阶段"。

(三) 吸引人才"流入"西方，加强研发能力

俄乌冲突以来，拜登政府强化宣传力度与政策吸引力，意图令半导体、太空技术、网络安全、先进制造、先进计算、核工程、人工智能、导弹推进技术，以及在其他专业领域有经验的人才移居美国。据美联社援引俄罗斯电子通信协会报道，自冲突以来，已有累计7万余名俄罗斯科技人才离开该国，且还将有近10万名科技工作者在未来的几个月离开俄罗斯前往西方国家。据彭博社新闻报道，美国

国家安全委员会网络安全与新兴技术委员会的成员透露，美国目前正在开展一项为期4年的"人才获取"计划，通过具有针对性的策动手段，吸纳中俄科研人员流向西方国家，从而削弱其创新基础。①

三、美国组建"数字同盟"对中国的影响与意义

大量西方媒体均认为，美国组建"数字同盟"是为应对科技领域的所谓"中国挑战"而设立的。尽管仍处于雏形，但考虑到其设立级别高、人员涉及多、领域涵盖广，美国"数字同盟"或将迅速推进，且贸易与技术委员会将成为其"地基"，并在未来中美科技竞争中扮演重要角色。具体而言，美国组建"数字同盟"或将对我国产生以下影响。

第一，战略竞争或被拖入"规则战"的下半场。美国战略界长期对产业源头的基础技术创新非常重视，致力于把控国际技术标准制定权，同时令全球各国的企业和私营部门在其技术框架内经营，从而牢牢把控产业结构，获取全球垄断利润。而对于欧洲来说，以德国为代表的欧洲各国长期忽视标准制定的分量，逐渐失去在国际标准化组织和国际电工委员会等权威机构的话语权。未来，美欧或将

---

① Gian Volpicelli, "Russia Is Facing a Tech Worker Exodus", Wired, March 23, 2022, https://www.wired.com//story/russian-techies-exodus-ukraine/.

以"数字同盟"为契机,共同推进新技术领域的国际标准开发,从而制衡中国在全球科技领域的影响力与话语权。

第二,国际间"数据战"或将进一步深化。以中美为代表的网络大国已开展了以数字数据为目标的全面竞争。特朗普政府时期,美国政府先后采取制裁中国互联网企业、限制关键技术数据流向中国、建立"去中国化"多边数据治理框架以及推行"清洁网络"计划等方式,意图在数据领域实现全面对中国打压,并策应其在网络空间对中国遏制的总体战略考量。2021年4月,美国参议员罗恩·怀登提出法案,认为将美国境内产生的数据出口到"不友好国家"属非法行为。[①] 此次提案是美国历史上首次尝试通过法律强行切断向第三方出售个人数据的行为,标志了未来美国国会的"立法风向"。美欧在数据治理方面也存在着较大分歧。欧盟出台的《通用数据隐私保护法》对美国数字企业形成了较大的制约,美欧关系一度因此恶化。不排除美希望借贸易与技术委员会下设的数据治理与技术小组来弥合这种分歧,并借此建立起美欧"统一阵线"。

第三,意识形态因素将更多融入美国"科技战"中。自特朗普政府时期以来,美国开始逐步将意识形态因素引入中美科技竞争之中,并试图借此围绕技术塑造对立叙事。"数字同盟"有强大的意识形态色彩。美欧领导人特意强

---

① "Competition and Innovation Bill Includes New Tools to Target Chinese Trade Cheating, Spur U. S. Research and Manufacturing", June 8, 2021, https://www.wyden.senate.gov/news/press-releases/competition-and-innovation-bill-includes-new-tools-to-target-chinese-trade-cheating-spur-us-research-and-manufacturing.

调，西方民主价值观是建立该同盟的基础和前提。这意味着美欧将以意识形态为"枢轴"，深化可能的合作领域，弥合现有技术分歧，最终谋求在科技研发领域的"求同存异"，共同保持自身在新兴技术领域的垄断和控制性地位。"数字同盟"未来将迅速开启具体行动。从贸易与技术委员会下设科技与人权问题小组、出口管制小组等可以看出，未来美欧或在国际社会上策动西方阵营对中国企业制裁，最终实现科技压制。

四、美国未来进一步强化"数字同盟"的趋势

第一，强化科技人员的吸纳和储备。根据国际信息安全认证协会预计，截至2022年，全球网络安全人才会出现180万人的"岗位缺口"，且主要集中在东亚地区。如果"数字同盟"相关机制意图维系及强化其在所谓"印太地区"数字领域的影响力，那么势必将投入大量资金，强化其在网络安全人才争夺战中的能力。与此同时，以担心滋生腐败为由，美国众议院2022年7月公布的《2022财年国防预算草案》中，削减技术研发测试等经费高达16亿美元。而拜登政府势必将该部分技术研发经费分摊至"四边机制"等多边盟友平台，借助其力量实现对我国科技遏制。在这种情况下，其他相关国家也将谋求自身在网络安全人才争夺战中的优势地位，从而在强化国家网络安全技术研

发能力的同时，策应拜登政府的战略部署。

第二，强化与中国在技术标准领域的竞争。在美国"数字同盟"中，促进西方国家在5G通信、芯片供应链以及网络安全技术，从而"打赢"与我国"数字竞争"是其重要内容。这一战略预期也符合拜登政府意图延续特朗普政府时期对华"科技战"的战略部署。考虑到拜登政府的施政偏好，意识形态和价值观因素可能会被更多纳入到"数字同盟"的"标准战"之中，进而继续塑造和强化所谓"数字民主"和"数字威权"之间的二元对立态势。与此同时，拜登政府同样试图借助"数字同盟"来实现其联盟政治的构思。为此，"数字同盟"将在数字标准层面与东盟国家开展互动，意图将更多区域国家纳入西方数字标准轨道之中，并在该过程中推动该同盟在印太地区的扩张。

五、结语

目前看来，拜登任内的美国政府将汲取"小院高墙"理念，以更为细化、精准和具体的方式，在科技领域开展对华竞争，并基于此打造"数字同盟"。对此，我国应保持战略定力，从长时段的视角出发，由上至下地发动针对各大跨境技术密集型企业的系统性评估，并在此基础上制定、推行适配的战略，以突破"数字同盟"的全面围堵。

蒙古国与美国关系分析

娜 琳[*]

1987年1月27日,蒙美两国建立外交关系。建交初期,两国关系并没有实质性的进展。20世纪90年代初,蒙古国掀起民主化运动后,美国全力支持蒙古国的民主改革,宣布愿做蒙古国的"第三邻国"。

一、美国对蒙古国加强政治关系

(一)全面伙伴关系—战略伙伴关系

2018年9月,蒙古国总理呼日勒苏赫访问美国,双方发表了《关于蒙美间扩展两国全面伙伴关系的联合公报》。时隔不到一年,2019年7月末,蒙古国总统巴特图勒嘎访

---

[*] 海南中金鹰和平发展基金会高级顾问,内蒙古大学教授。

问美国，与美国总统特朗普会谈，双方宣布将两国关系从全面伙伴关系提升到战略伙伴关系，在不到一年的时间内使两国关系实现连升两级。

蒙古国总统访美期间与美国总统会谈的主要议题之一是加强与美国的经贸关系，鉴于长期以来中国占蒙古国出口份额比重的80%—90%，蒙古国希望提高贸易对象的多样性。对此，美国承诺帮助蒙古国改变经济现状，尽快让国会通过《第三邻国贸易法案》，为免税进口蒙古国羊绒产品创造条件。同时，美国对蒙古国丰富的矿产资源特别是稀土资源充满兴趣。稀土是一种相当重要的战略性资源，尤其在武器制造方面，更是需要稀土。数据显示，蒙古国稀土储量3100多万吨，约占全球稀土储量的16.8%，仅次于中国23%的份额，可见蒙古国对美国重要性的提升。

（二）美国"第三邻国"政策

疫情暴发以后，美国对"第三邻国"政策更加支持。

2020年6月蒙古国议会大选刚结束，美国国务院专门发表声明称："美国祝贺蒙古国人民顺利举行2020年议会选举，并实施选举权。我们很自豪成为蒙古国的'第三邻国'和战略伙伴。"

2021年7月初，正值蒙古国国庆那达慕之际，美国国务卿布林肯致电祝贺，强调两国的互为战略伙伴和"第三邻国"关系，并表示继续支持蒙古国的独立主权。电文称：

"我代表美国祝贺蒙古国人民争取自由 100 周年及 2021 年国庆那达慕;作为战略伙伴和'第三邻国',美国和蒙古国一直保持着以崇尚人权、法制和民主的共同价值观为纽带的牢固伙伴关系;蒙古国国庆那达慕尽管受到疫情影响,但美国人民始终支持其独立主权及传统文化。"

2021 年 7 月 23—25 日,美国常务副国务卿舍曼访问蒙古国,期间会见了蒙古国国家大呼拉尔主席赞丹沙塔尔、外长巴特策策格和副外长孟赫金。在会谈中,舍曼强调了美蒙战略伙伴关系的重要性,讨论了如何加强蒙古国的政府机构、巩固蒙古国主权及促进经济多元化。就像孟赫金所说,此次美国高级代表团访问蒙古国,对蒙美战略伙伴关系和友好关系的巩固具有重要意义。

二、美国对蒙古国经济援助是拉近双边关系的催化剂

(一)无偿援助

美国政府从 1991 年以来分别通过美国国际开发署、美国千年挑战集团等机构向蒙古国提供了近 10 亿美元的无偿援助。近几年,美国对蒙古国的经济援助呈现加大的趋势。

美国千年挑战集团为蒙古国提供两次共计 6.35 亿美元的无偿援助。2008—2013 年,美国千年挑战集团向蒙古国

提供了 2.85 亿美元无偿援助，实施了卫生、职业教育、牧场管理、公路、空气治理等领域的项目；2019 年 10 月，美国千年挑战集团向蒙古国又提供了总价值 3.5 亿美元资金支持，用于实施乌兰巴托市饮用水供应设施改善项目。[①]

为了支持蒙古国，从 2004 年以来美国国际开发署为蒙古国提供了 1.23 亿美元的援助。[②] 据美国国际开发署与蒙古国财政部签订的协议可知，2019 年 10 月美国向蒙古国提供 640 万美元的援助和 5 年期的 1500 万美元无偿经费，在"基于私营部门的可持续发展来保障经济增长"目标框架内追加 300 万美元无偿援助。[③]

新冠疫情暴发后，2020 年美国通过美国国际开发署向蒙古国提供了 150 万美元无偿援助，美国政府向蒙古国捐赠 120 万美元的防护物资。2021 年，美国为助蒙古国克服疫情影响，又提供了 370 万美元的紧急援助。

作为回报，2020 年蒙古国政府为了帮助新冠疫情大暴发的美国渡过难关，从政府储备基金中提取等价于 100 万美元的 6 万件防护服物资，[④] 为其提供人道主义援助。

[①] 《美国千年挑战集团向蒙古国政府提供 3.5 亿美元援助》，2019 年 10 月 23 日。
[②] 《美国将 83 亿图格里克用于蒙古国可持续发展领域》，美国驻蒙古国大使馆，2020 年 5 月 6 日。
[③] 《美国通过国际开发署与蒙古国签订 300 万美元无偿援助协议》，《蒙古雄鹰》，2020 年 5 月 4 日。
[④] https://www.gogo.mn，2020 年 6 月 1 日。

（二）美国对蒙古国贸易和投资迅速增长

贸易方面，2019年美国向蒙古国的出口额近5年来创新高，同比增加了60%，达到1.93亿美元[1]（蒙方统计数据为2.89亿美元[2]）。蒙古国向美国出口由2018年的1000万美元增长到2019年的2500多万美元。[3] 美国政府非常重视蒙古国，希望其成为稳定的、经济独立的经济体。为此，2021年4月22日美国国会议员再次敦促国会尽快通过《第三邻国贸易法案》，以便蒙古国的毛绒纺织品、针织品免税出口美国，这样不仅能增加美蒙贸易量，还能提高该领域蒙古国女性的就业率，保障产品质量和增加畜产品附加值，使提供原料的牧民生活得以改善，最终有利于蒙古国经济的可持续发展。[4]

投资方面，2020年美国向蒙古国直接投资达7.88亿美元，[5] 与前两年相比增长了90%，至此，美国成为对蒙古国直接投资的第四大伙伴国。

---

[1] 《美国驻蒙古国大使重申坚决支持蒙古国第三邻国政策》，https://ikon.mn，2020年7月2日。

[2] 蒙古国国家统计委员会：《经济社会统计年鉴2019》，第9页。

[3] 《美国驻蒙古国大使重申坚决支持蒙古国第三邻国政策》，https://ikon.mn，2020年7月2日。

[4] 《美国驻蒙古国大使迈克尔·克列切斯基在美蒙建交35周年之际发表电视访谈录："美国支持蒙古的独立与民主化"》，www.gogo.mn/r/vv06d，2022年1月27日。

[5] 《美国驻蒙古国大使重申坚决支持蒙古国第三邻国政策》，https://ikon.mn，2020年7月2日。

(三）蒙古国与中国、俄罗斯、美国的贸易比较

蒙古国与中俄的贸易总额远远领先于蒙美贸易总额。2019年，蒙古国与中俄美三国贸易总额比例为88∶18∶3。中国和俄罗斯一直是蒙古国的第一、第二大贸易伙伴，而美国位居第五。中俄两国与蒙古国的贸易总额之和约占蒙古国外贸总额的77%，其中蒙中贸易总额占64%，蒙俄贸易总额占13%，而蒙美贸易总额仅占蒙古国外贸总额的2%。在2020年和2021年蒙美贸易呈现下降趋势。

表1　2019年蒙古国与主要贸易伙伴国的贸易情况

（单位：百万美元）

数额＼国别	中国	俄罗斯	日本	英国	美国	韩国
贸易总额	8809.59	1797.96	600.99	322.06	315.56	294.83
出口额	6772.78	68.09	15.52	291.09	25.99	27.80
进口额	2036.82	1729.86	585.48	30.97	289.56	267.04

资料来源：根据蒙古国国家统计委员会《蒙古国统计年鉴2019》数据编译制作，数据保留至小数点后两位。

表2　蒙古国与中国、俄罗斯、美国贸易比较

（单位：亿美元）

年份		蒙中	蒙俄	蒙美	
2019	总额	137.47	88.09	17.97	3.16
	出口额	76.19	67.73	0.68	0.26
	进口额	61.28	20.37	17.30	2.90
2020	总额	128.75	74.04	14.57	2.56
	出口额	75.76	54.93	0.57	0.11
	进口额	52.99	19.10	14.00	2.45
2021 （1—11月）	总额	150.18	96.64	18.21	2.23
	出口额	88.30	73.43	1.05	0.30
	进口额	61.88	23.21	17.16	1.93

资料来源：根据相关年份蒙古国国家统计委员会《经济社会统计年鉴》数据编译制作，数据保留至小数点后两位。

三、蒙古国外交关系走势

综上所述，蒙美战略伙伴关系和与邻国关系将日益紧密。

蒙古国的选择。2011年重新修订的《蒙古国外交政策构想》指出："蒙古国将奉行崇尚和平、开放、独立的多支点外交政策；发展同俄罗斯和中国的友好关系是蒙古国外交政策的首要目标。"自从蒙古国转型，特别是颁布这一新的外交政策以来，不管哪一政党、联盟上台都坚决执行了多支点外交政策，保持了政策的统一性、连续性。面对

百年变局和纷繁复杂的国际形势，蒙古国始终坚持多支点平衡外交。蒙古国高层和学者多次表示，只要大国间的摩擦不影响蒙古国的根本利益、不威胁蒙古国的国家安全，蒙古国不参与大国之间的纷争。这就是蒙古国坚持的立场和选择。就像2021年5月蒙古国外长巴特策策格访问俄罗斯时所称的那样，"我们国家的国家安全理念是，在没有来自其他国家针对我国安全构成直接威胁的情况下，我国不参加任何军事政治组织"。她还强调，"蒙古国地处中俄之间而感到非常安全"。

因此，可以肯定的是，在今后相当长的历史时期内，蒙古国仍将发展与中俄两国的睦邻友好关系，以多支点平衡外交的方式构筑有利于维护本国安全的环境。

当前非洲安全与反恐新形势

陈 立[*]

一、政治和安全形势更加严峻

（一）发展痼疾愈发难解

疫情对非洲地区的冲击不仅体现在健康卫生领域，也深刻影响到经济社会发展。非洲国家普遍经济结构单一，对外依存度高，加之疫情严重冲击外贸与物流，挤占民生支出，使非洲经济增长愈加缓慢。国际货币基金组织预测，撒哈拉以南非洲2021年经济增速为3.7%，低于疫情前（2010—2017年）4.3%的平均水平，也低于发达经济体

---

[*] 海南中金鹰和平发展基金会高级研究员，浙江师范大学非洲研究院非洲安全与发展研究中心主任。

5.2%和新兴市场及发展中经济体6.4%增速。① 未来几年，非洲大部分地区将无法恢复到疫情前的经济产出水平，与世界其他地区的发展差距将进一步拉大。

疫情加剧贫困问题，使非洲在减贫和粮食安全等领域取得的成就大打折扣。联合国贸易发展会议发布的《2021年非洲经济发展报告》指出，过去10年，大多数非洲国家的贫困水平有所下降，消费水平低于每天1.9美元贫困线的家庭比例从2010年的40%下降到2019年的34%。然而，由于疫情的影响，非洲贫困人口率在2021年增加了3%。在2021年5月联合国安理会关于非洲和平与安全议题的高级别会议上，联合国秘书长古特雷斯称，新冠疫情让非洲约1.14亿人陷入极端贫困。②

（二）政局不稳定性明显上升

受疫情对经济社会冲击的影响，非洲国家的政治稳定性和凝聚力迅速下降，军事政变大有"卷土重来"之势。2021年，尼日尔、马里、几内亚及苏丹军方发动政变夺权，创近20年非洲国家政变次数新高。2022年伊始，布基纳法索发生"1·23"军事政变，自称"保卫与恢复爱国运动"的军人团体推翻了总统卡博雷领导的政府；就在

---

① "Regional Economic Outlook: Sub-Saharan Africa: One Planet, Two Worlds, Three Stories", IMF, p. 7.
② 《非洲累计新冠确诊超500万例 疫情形势不容乐观》，新华网，2021年6月12日，http://www.xinhuanet.com/2021-06/12/c_1127558721.htm。

西非国家经济共同体轮值主席、加纳总统阿多发出"非洲政变传染病"感喟的第二天,几内亚比绍便发生"2·1"军事政变,政变军人包围并袭击了政府大厦,所幸总统恩巴洛恰巧不在大厦内,才使这场导致11人死亡的政变不到一天便告平息。

非洲国家政变频发,既有疫情难控、经济低迷、治安恶化导致社会矛盾加重的内部原因,也与非洲联盟(以下简称"非盟")及区域组织对政变干预乏力、国际社会缺少有效遏制手段等外部因素有关。国际危机组织专家认为,国际社会的默许为军政权制造了有利氛围,可能在非洲产生"示范"效应。政治风险咨询公司 PANGEA–RISK 预测,2022年埃塞俄比亚、布基纳法索、索马里、南苏丹、津巴布韦、莱索托以及斯威士兰等非洲国家均存在政变的可能。

(三)安全形势更趋复杂动荡

疫情促使非洲经济与社会危机凸显,诱发非洲近20年少有的动荡和冲突。南非、突尼斯、阿尔及利亚、尼日利亚、安哥拉等国发生大规模游行示威,苏丹、刚果(金)等国持续暴力冲突,塞内加尔、斯威士兰等国出现骚乱,造成人员伤亡。受疫情和自然灾害影响,萨赫勒地区及中部非洲动荡和武装冲突加剧。非洲显然是全球最脆弱和人类发展指数最落后的地区。在2021年"国家脆弱指数"排名中，全球最脆弱的前30个国家中有19个非洲国家。① 在2021年"全球人类发展指数"排名中，最后10个国家是非洲国家。② 治安形势普遍恶化。南非犯罪率飙升，各类恶性案件的数量增加。尼日利亚绝大多数州的绑架事件数量均呈上升趋势。

二、恐怖主义严重威胁非洲安全

（一）恐怖组织迅速扩张

在非洲之角，"索马里青年党"控制着索马里中南部农村及边远地区，向首都摩加迪沙，索马里东部、北部和西部地区蔓延；在萨赫勒地区，"博科圣地"的恐怖主义活动范围已扩散至乍得西部、尼日尔东部迪法省和西部多索省、喀麦隆极北大区、布基纳法索西北部，及马里北部基达尔、加奥、通布图三大区，成为地区头号威胁；原本活动范围仅限于阿尔及利亚的"伊斯兰马格里布基地组织"在短短几年内已渗透到萨赫勒地区西部的主要国家；在中部非洲和南部非洲，"伊斯兰国中非省"不仅在莫桑比克北部、刚果（金）东部频繁活动，还逐渐向肯尼亚、坦桑

---

① "Fragile States Index 2021 – Annual Report", https：//fragilestatesindex. org/2021/05/20/fragile – states – index – 2021 – annual – report/.
② "Human Development Index （HDI） by Country", https：//worldpopulationreview. com/country – rankings/hdi – by – country.

尼亚、南非等国渗透蔓延。

(二)"伊斯兰国"威胁攀升

截至2021年9月,"伊斯兰国"已在非洲建立6个分支。其中,"伊斯兰国西非省"在乍得湖盆地和萨赫勒设有据点,"伊斯兰国中非省"在莫桑比克和刚果(金)设有据点。至此,"伊斯兰国"至少在8个非洲国家(地区)建立了接触点。① 美国西点军校反恐中心报告披露,目前"伊斯兰国"中东核心与非洲各大分支联系密切,已向非洲地区转移了大量资源,"伊斯兰国"西非、中非和西奈半岛分支的军事潜力甚至超过了中东核心。② 这些分支之间相互勾结,实力较强的分支负责监督其他分支,联手暴恐袭击的能力不断增强。③

(三)恐怖分子趁疫作乱

乍得湖地区的"伊斯兰国西非省"向当地居民征收低于政府的税费,并为民众创造更好的商贸环境,大肆收买民心,

---

① "Isis-linked Groups Open up New Fronts Across Sub-Saharan Africa", https://www.theguardian.com/world/2021/jun/25/isis-linked-groups-open-up-new-fronts-across sub-saharan-africa.

② 李伟:《多重原因导致非洲恐情逆势升温》,《世界知识》,2021年第5期,第59页。

③ "Twenty Years after 9/11: The Threat in Africa - The New Epicenter of Global Jihadi Terror", https://ctc.westpoint.edu/?s=&terrorist-groups%5B%5D=boko-haram.

扩充实力；"索马里青年党"则谴责索马里当局、批评其缺乏治理能力，并在索马里南部建立影子政府，向当地民众提供优于政府的社会服务。此外，暴恐组织还通过给失业青年提供工资、为失学儿童提供就学等方式引诱青少年加入极端团体。2021年11月25日，奥巴桑乔在总统青年导师务虚会上指出，如果政府不能让近1400万失学儿童重返教室，极端组织"博科圣地"可能很快会将他们招募。①

三、非洲反恐压力巨大

2021年8月30日，美国宣布完成从阿富汗撤军行动，标志着美国国家安全战略已由反恐转向应对大国竞争，非洲的反恐地位进一步下降。应对尼日利亚总统布哈里提出希望美国在打击地区恐怖主义上提供更多支持的意愿，总统拜登强调美国愿同盟友一道，共同打击非洲的恐怖主义。面对日益加剧的非洲反恐乱局，应对乏力的美国欲"甩包袱"脱身，将导致非洲部分国家出现安全"真空"，也将加重非洲的反恐负担。2021年年中，法国因与马里关系恶化宣布从马里撤兵，给非洲反恐增添变数。一方面，撤军

---

① "Obasanjo Warns That Boko Haram Terrorists Will Soon Recruit Out－Of－School Children", https：//www.kanyidaily.com/2021/11/obasanjo－warns－that－boko－haram－terrorists－will－soon－recruit－out－of－school－children.html#：~：text＝Former%20President%2C%20Olusegun%20Obasanjo%20has%20warned%20that%202014，they%20are%20not%20restored%20back%20to%20their%20classrooms.

将使马里出现安全真空期,恐怖势力或借此机发展壮大,给地区安全造成更大威胁;另一方面,撤军还将导致萨赫勒五国联合部队的资金难以保障,影响并制约其开展反恐行动。

非盟面临诸多禁锢,难以主导地区反恐。非盟作为非洲最具代表性的区域组织,近年来在非洲反恐中发挥着越来越重要的作用。然而,资金缺乏一直是制约非盟开展反恐行动的最突出问题。在欧美国家对非盟的经费承诺经常"口惠而实不至"的情况下,非盟决定自2017年起各成员国加征0.2%进口关税用于支持非盟自主筹资,以实现非盟日常运转资金100%出自非洲国家,其他相关预算也要有更大比例来自非洲。但是,截至目前只有20多个成员国不同程度地执行非盟的自主筹资决议,其他成员国则无力执行。同样,非盟的反恐装备也无法自给。就空运设备而言,如果单纯依靠非盟成员国自行配置,预估至少需要20年才能保证非洲常备部队及相关国家配备相对完善的装备基础。[1] 即便部分非盟特派团已明确以消灭恐怖分子为己任,但因资金和设备严重不足,也只能维持当地的相对稳定,无力遏制日渐猖獗的恐怖活动。

---

[1] 卢张哲、濮方圆:《试析区域主导型维和行动对非洲恐怖主义威胁之应对》,《武警学院学报》,2016年第9期,第83页。

土耳其外交政策及趋势评析[①]

郭长刚[*]

一、土耳其加入欧盟问题

（一）欧盟采取"拖延"策略

土耳其于1987年申请加入作为欧盟前身的欧洲共同体，1999年获候选国资格。2005年6月16日晚，为期两天的欧盟首脑会议在布鲁塞尔开幕，会议决定在2005年10月3日正式启动土耳其的入盟谈判。

但谈判过程阻碍重重，谈判被多次冻结，延宕15年而无果。2018年1月在巴黎的一次记者招待会上，土耳其总统埃尔多安抱怨道："我们等待了好多年，期待加入欧盟，

---

[*] 海南中金鹰和平发展基金会高级研究员，上海社会科学院历史研究所所长。
[①] 原文于2020年3月25日在上海大学土耳其研究中心微信公众号发布，本次收录略有改动。

我和我们的民族都为此感到精疲力尽,这一状况或许会迫使我们做出最终选择。"但至今土耳其也没有做出"最终选择"。根据欧盟外交事务委员会协调员吉赛维特的看法,尽管欧盟对土耳其言辞犀利,但与土耳其的入欧谈判还应该继续下去,因为"现在与土耳其划清界限只会使土耳其内部的激进分子更为强大"。吉赛维特的态度代表了欧盟的基本看法。

(二)欧盟底牌:忌惮土耳其巨大市场,不愿在家门口树敌

2018年3月23日,欧洲对外关系委员会官网刊发了一篇题为《伪善的小魅力:欧盟—土耳其关系评估》的报告。根据该报告,欧洲对外关系委员会对欧盟28国关于土耳其的看法进行了采访调查,结果显示,只有7%的普通受访者认为他们国家的民众会支持土耳其加入欧盟;与普通民众受访者形成鲜明对照的是,22个欧盟成员国的受访官员都认为"土耳其将会是欧盟一个重要的战略伙伴,会让欧盟变得更加强大",但土耳其不能成为欧盟的正式一员,可以把它置于"自己人"与"外人"之间的"临界状态",即虽然欧洲普通公众反对土耳其加入欧盟,但几乎所有的欧洲政府官员都认为应该"维持"土耳其入欧申请的现状,而无需进一步"推进"。由此看来,土耳其与欧盟目前的状态或许是"最好的状态"了。土耳其在经济方面的吸引力是不容忽视的。其一，土耳其拥有约8000万人口，比任何一个欧盟国家人数都多，是个巨大的市场；其二，欧盟不希望再树立一个强大的敌人。

（三）土耳其高层：斗而不破，坚持入盟目标

对于欧盟的态度，土耳其高层有清楚的认识，认为加入欧盟是必须作为一个目标去追求和维持的。因为对土耳其来说，经济上的贸易伙伴大都是欧盟成员。土耳其与德国每年贸易量在350亿美元，和法国、英国、意大利等国每年贸易量也在150亿—200亿美元，这是土耳其发展的一个重要基础。土耳其可以利用当下的情形，与欧盟建立一种新的合作模式。

可见，双方知道彼此的底牌，斗而不破。这就可以理解在2017年，土耳其和欧盟之间打起了激烈的口水战，但没过多久，到2018年年初就完全恢复正常关系了。

二、土美关系

（一）未遂政变成为土美关系的转折点

当前，土耳其与美国的关系主要有两个症结，一是费图拉·居伦的引渡问题，二是库尔德问题。对于2016年7

月的未遂军事政变，埃尔多安及土耳其社会普遍认为，是由侨居在美国的土耳其宗教领袖费图拉·居伦策划的，美国也脱不开干系，因此要求美国将费图拉·居伦引渡回土耳其。未遂政变对土美关系的打击可以说是致命的，这使得土耳其不再相信美国。

（二）库尔德问题

库尔德人大约有3000万，主要居住在土耳其、伊朗、伊拉克、叙利亚等国界交接处，其中在土耳其的库尔德人大约有1500万，约占土耳其人口的20%。库尔德问题是土耳其最大的社会问题，涉及土耳其的社会稳定和领土完整，是土耳其的核心利益所在。

土耳其卷入叙利亚内战，很大一个原因也是因为库尔德问题，因为叙利亚的"库尔德民主同盟党"，是土耳其的分裂势力"库尔德工人党"的一个分支，而"库尔德工人党"是土耳其社会稳定的最大威胁。埃尔多安对于美国的不满，是因为在叙利亚问题上，美国支持叙利亚的"库尔德民主同盟党"，以反恐的名义与其合作。这是土耳其不能接受的。

（三）从蜜月期到"牵制"期，独立激进外交受阻

对土耳其而言，美国对土耳其的外交政策已经发生了

根本改变。20世纪五六十年代的那种"扶持"政策一去不复返，美国开始以各种"问题"尤其是库尔德问题"牵制"土耳其。众所周知，现代土美关系肇始于二战之后，一个重要的促成因素是美国冷战政策的需求。1952年1月7日，土耳其与美国签署了《土耳其—美国双方安全问题协定》。随后，2月18日，土耳其正式加入北约组织，自此之后到20世纪60年代，这20年可谓是土美关系的蜜月期：土耳其加入支持"艾森豪威尔主义"的行列，土美两国签订了《土耳其—美国安全合作协定》与《土耳其—美国联合国防合作协定》。

但是，自20世纪70年代开始，一方面因为爱琴海地区的形势发生了变化，另一方面因为土耳其内部社会和政治的转向，土美关系开始出现摩擦。1974年7月，土耳其埃杰维特政府开始军事介入塞浦路斯，导致美国在1975年2月对土耳其实行武器禁运；土耳其政府则在1975年7月26日取消了两国在1969年签订的《土耳其—美国联合国防合作协定》，以此抗议美国武器禁运措施。20世纪80年代，土耳其冻结了双方的军事合作，并拦截了来自因切利克空军基地的F-16战斗机。

然而，土耳其毕竟是北约的一员，在中东地缘政治中拥有重要的战略地位。美国既不愿承担对土耳其过多的双边外交义务，又不想放任土耳其走独立激进的外交路线，便随即在北约框架内进行了战略资源调配。1997年12月，美国总统比尔·克林顿在华盛顿的一场新闻发布会上宣布，美国将积极促成刚被欧盟拒绝加入的土耳其融入西方社会，并且称赞土耳其是美国的亲密伙伴。于是，1999年，土耳其艰难获得了欧盟候选国资格；2005年，土耳其和欧盟正式开启入盟谈判。而实际上，这是美国把土耳其这个"包袱"甩给了欧盟。

三、土俄关系

土俄关系可谓跌宕起伏：2015年11月24日，土耳其将一架俄罗斯战机击落，不仅土俄两国由此交恶，一时间还让整个世界都为俄罗斯与北约的关系备感焦虑。但仅几个月过后，2016年8月埃尔多安便对俄罗斯进行了访问，土俄两国关系不但迅速"转暖"，而且还急剧"升温"。新形势下的土俄关系日益密切，合作频频，如购买俄罗斯的S-400防空导弹、在叙利亚问题上不断出手，而这也可以看作是土耳其对美国施压的一种表现。正如埃尔多安于2018年8月11日在《纽约时报》上发表的文章里声称的那样：如果美国再对土耳其下狠手、落井下石，土耳其就要考虑寻找新朋友了。

中亚与阿富汗形势及其影响

赵华胜[*]

中亚是丝绸之路经济带建设的重要区域，而阿富汗是经济活动发展的新兴地区。中亚是中国西出的重要交通枢纽，它与西亚、土耳其、高加索毗邻，通向波斯湾、红海，远达非洲和欧洲。1990年开通的连接中国和欧洲的铁路即新欧亚大陆桥通过中亚衔接，酝酿已久的中吉乌铁路也在筹备之中。中国从哈萨克斯坦进口石油，从土库曼斯坦进口天然气；运营有从哈萨克斯坦到中国的2条石油管道，以及从土库曼斯坦到中国的4条天然气管道。中国在中亚有相当数量的商业项目，可以期待，中国与中亚的经济合作前景将持续向好。

在丝绸之路经济带上，阿富汗占有重要的地位。阿富汗位于中亚、南亚、西亚的连接部，这赋予了阿富汗特别的地缘政治和地缘经济意义。对在这一地区的任何区域合

---

[*] 海南中金鹰和平发展基金会高级顾问，中国论坛特约专家。

作构想来说，阿富汗都是绕不过去的因素，它是一把钥匙，可以打开中亚、南亚和西亚互通的大门。2021年8月，阿富汗局势出现重大转变，美军撤出，原政府垮台，塔利班重新执掌政权，阿富汗内战结束。这为阿富汗的发展提供了较好的前提条件。

当前，中亚和阿富汗面临的最大挑战来自两个方面：一是地区国家的政治社会不稳定，二是恐怖主义和极端主义威胁。

一、地区国家政治社会问题

尽管中亚地区在过去几年保持了基本稳定，但重大的政治社会动荡仍时有发生。除了土库曼斯坦外，进入2022年以来，哈萨克斯坦、塔吉克斯坦、乌兹别克斯坦相继发生大规模社会冲突。

2022年1月，哈萨克斯坦发生大规模局势动荡。天然气价格的上涨引发了民众的不满，由起初的小范围抗议迅速变成大规模的骚乱，甚至最后使社会各阶层参与其中。这场局势动荡一度使国家政权岌岌可危，托卡耶夫总统请求集安组织派出支援部队，才将危急场面及时控制。

2022年5月，在塔吉克斯坦与阿富汗交界的巴达赫尚地区发生骚乱。塔吉克斯坦官方信息称，数百名手持武器的叛乱分子发动进攻，政府派出特种部队和直升机进行反恐行动，这场骚乱造成数十人死伤。

2022年7月，在乌兹别克斯坦卡拉卡尔帕克斯坦首府努库斯因民族自治问题爆发大规模抗议示威，并演变成严重暴力冲突，造成数十人死亡、近150人受伤。乌兹别克斯坦政府宣布在卡拉卡尔帕克斯坦实施紧急状态。

在中亚国家发生的社会事件有一个突出特点，即形势容易失控，并迅速转变为社会骚乱和暴乱。这期间常发生抢劫、纵火、占领行政和商业机构等行为，给正常的国家经济活动造成严重影响，甚至影响到外商人身安全和投资考量。

二、恐怖主义和极端主义问题

恐怖主义、极端主义对中亚和阿富汗的发展是另一重大威胁。这一地区与恐怖主义、极端主义势力活跃的中东、西亚、南亚地区相连，恐怖分子在这片地区有很强的流动性，很容易聚集起来。恐怖主义、极端主义势力虽不像十几年前那样来势汹汹，但远未被根除，一旦出现机会，它们仍可能爆发。中亚国家发生的骚乱事件中都有恐怖主义的身影就说明了这一点。

在恐怖主义问题上，中亚与阿富汗实为一体，无法分开。中亚与阿富汗有长达2300多千米的边界，多年来，阿富汗一直是这一地区恐怖主义、极端主义势力的大本营，而当恐怖主义、极端主义向外溢出时，中亚又首当其冲。

塔利班重新夺取政权后，情况发生了很大变化。塔利班虽曾经被中亚国家当作恐怖组织和外部安全最主要的威胁，但事实上各国已与塔利班政府发展关系。同时，塔利班是地域性很强的组织，它的活动范围基本在阿富汗境内，并承诺不允许恐怖组织对其周边国家进行恐怖主义活动。但这并不是说恐怖主义在阿富汗已经销声匿迹。在塔利班重新掌权的这段时间里，阿富汗政局基本稳定，但安全形势并不乐观，恐怖袭击事件频发。在发生的恐怖袭击事件中，大部分为"伊斯兰国呼罗珊分支"所为，一方面说明"伊斯兰国"在阿富汗还很活跃，另一方面表明塔利班对恐怖主义势力的控制能力还不足。对于阿富汗未来的安全形势，中亚国家仍普遍感到担忧。

三、对策建议

面对两大挑战，如何维护合作方自身合法利益，笔者认为有两个途径最为有效可行：一是与当地政府和地方合作，二是商业化运作。

首先，与当地政府和地方的合作是最基本、最重要的途径，也最具操作性。不管是应对社会局势动荡还是打击恐怖主义、极端主义，当地政府是最重要的支柱。这不仅是因为当地政府有最强的行政和执法力量，也是因为只有通过与当地政府合作，才能使正当的诉求在当地政策中得到体现，才能获得进入该国维护自身利益的合法性，才能起到真正保护本国利益的作用。

与当地政府在安保领域的合作尤其重要。形成合作的法律基础和合作机制有着重大意义，它能保证在需要时双方的合作可以合法和有效地启动。帮助本地政府的能力建设也是合作的重要内容，特别是在打击恐怖主义和极端主义方面，联合反恐、信息交流、联合执法、在发生重大安全危机时向当地政府提供可能的帮助，都是安保合作的重要内容。

同时，还应充分发挥多边合作机制的作用，与其他相关的地区国家协同行动，例如借助于上合组织以及其他多边机制平台。

其次，商业化运作是实施安保的重要途径。它是私人行为而非国家行为，面临的政治和法律问题相对少，有组建便利、使用灵活、成本较低的优势。商业化运作的另一个重要做法是雇佣当地安保力量，世界范围内的相关经验可供参考。

哈萨克斯坦"一月事件"评析

张 杰[*]

一、背景

中亚地处叙利亚冲突地区，处于阿富汗邻国长期动荡不安的侵扰之中。中亚地区最近10年小规模冲突事件频繁爆发。从全球和平指数来看，哈萨克斯坦1994—2020年的全球和平指数整体呈持续降低趋势，但2021年呈现逆行上扬苗头，出现不利趋势，安全保障、军费、军事化、国内和国际冲突四项指数均呈现逆向不利的走势，全球和平指数的全球排名（163个国家）从2020年第68名猛跌落到2021年的第94名（此前2014—2020年连续7年在第70名上下徘徊）。

系统性腐败。大部分资源集中在上层手中，针对此问

---

[*] 海南中金鹰和平发展基金会高级研究员，中国人民公安大学教授。

题，前哈萨克斯坦官员等创建了一个全国公众信任委员会，呼吁进行抗议。

社会冲突加剧。2011—2016年哈萨克斯坦西部不同地区一直存在土地抗议活动。这些活动和严峻的社会经济形势密切相关，不仅在哈萨克斯坦西部存在，现在其他地区也已出现。

经济形势恶化。2020年哈萨克斯坦国内生产总值出现了20年来的首次下降，下降了2.6%。2021年，经济复苏带动经济增长3.5%（2021年1—10月数据）。然而，哈萨克斯坦未能从数量上恢复石油产量，2020年下降超过5%之后，2021年的增长为零。

二、起因

2022年初，哈萨克斯坦骚乱事件给该地区的安全局势带来了新的不确定性。

事件的起因具有历史的重合性和延续性：

第一，汽油价格的急剧上涨是事件初起的导火索，但这一因素并非第一次出现。近几年哈萨克斯坦发生的多起冲突事件起因均与石油有关，社会已存在一定的矛盾和积怨。

第二，人们对当局不满，社会贫富差距很大。此事件是2019年选举中抗议情绪的一种延续，是社会不平等带来的社会积怨长期挤压所致。

第三，中亚藏匿许久的恐怖组织成员暗中推波助澜，使得抗议活动爆发后戏剧性演变成哈萨克斯坦历史上前所未有的大规模骚乱和暴力冲突事件。

三、参与者

2022年哈萨克斯坦"一月事件"中有三类不同的参与群体。第一类是有合法社会和经济需求的和平抗议者，主要出自该国西部，和平抗议者手举横幅"我们只是普通人，不是恐怖分子"。中亚地区的"三股势力"以极端主义和恐怖主义为主，分裂主义为辅，且以袭击警察和政府为特征。哈萨克斯坦的民众普遍在道义上反对极端主义的暴乱和冲突，其不为民众认可。事件起初发动的是抗议活动。第二类是投机取巧的掠夺者，现场实施了违法犯罪活动，如洗劫零售店。第三类是有组织的挑衅者、推波助澜者，他们在政府大楼放火，多次袭警，并分发枪支。

上述前两类群体并非哈萨克斯坦一国所独有，当今世界发生抗议、骚乱时，许多国家都会出现类似的和平抗议者和机会主义者。在阿拉木图最初抗议的以这两类群体为主，他们计划将抗议活动蔓延到其他城市。

而第三类群体是在此抗议活动发生之后出现的，他们扰乱了抗议活动，煽动暴力，通过实施暴力行为试图激化社会不满浪潮，攻击和摧毁哈萨克斯坦多个城市的主要政府设施，策划者旨在向外界证明政府未能控制安全局势。各方消息显示，暴力洗劫现场的是恐怖组织，其成员接受过专门训练。正如《地缘政治》主编萨文提到的，"事件爆发中，农村地区的居民、半游牧民族组织联合开展行动占领建筑物，设立检查站，向阿拉木图机场进军，破坏国家战略机构、私营企业、地面和空中运输系统，非受过训练者是不可能实施如此目标明确且具有破坏性的活动的"。

四、事件处置情况

第一，哈萨克斯坦当局处置这次事件果断且对公众口头安抚有效。在大规模抗议浪潮中，哈萨克斯坦总统托卡耶夫反应迅速，处置果断。他从内阁改组到向全国发表讲话，再到找到合适的措辞来缓解人民的愤怒，宣布改革，干预和平息事件速度之快是过去无法比拟的。

第二，事件处置的成功之处在于获得国际援助迅速且有效。外界力量及时介入并成为平息冲突的绝对性力量。内外结合，抵御了事态的扩大，没有造成很大裂痕。集体安全组织第一时间大规模有序整建制出动，体现了该组织快速决策力。

第三，事件的处置引起了无辜民众的伤亡。这主要是因为事发现场未能及时与聚集而来的广大民众开展话语沟通，缺乏官方消息的及时反馈，导致不实信息一度占据主流。

第四，哈萨克斯坦警察系统缺乏防爆和反恐机制。哈萨克斯坦警察未能采取有效措施，因此在突发事件中成为被袭击的主要对象。事发后第一天，警察未佩戴枪支，仅持有盾牌和警棍出现在街头。随着事态扩大，他们很快被上万名民众包围，双方发生了肉搏，警察寡不敌众，所持有的盾牌和警棍被民众抢下。

五、哈萨克斯坦政局发展趋势

第一，破坏性因素是对国家安全的潜在威胁。激进运动的拥护者和国际恐怖组织的成员，不断搜集民众对政权的不满意见，以及公共管理薄弱环节、地方矛盾等相关信息，以便在未来利用这些痛点来破坏局势的稳定。极端分子很长一段时间都不会暴露自己，而是等待合适的时机来破坏局势。

第二，社会经济需要长期解决方案。哈萨克斯坦总统下令削减燃料价格，并承诺政治改革方案会很快公布，还承诺提高工资并努力降低必须商品的成本。民众抗议之后的6个月到1年的时间里，政府将面临着严峻的考验。当抗议爆发后往往表面上的秩序会很快恢复，政权也善于以最快的速度向人民做出一些让步或承诺，但事后总是未寻求社会经济的长期解决方案或政治治理的革新。

第三，希望并怀疑。托卡耶夫总统承诺建立一个"新哈萨克斯坦"，以新的社会契约为基础清除系统性腐败。目前该国社会与人民对此是希望与怀疑并存。哈萨克斯坦法治领域的持续发展、政治格局的变化以及社会经济改革面临的前所未有的复杂局面。如果没有彻底的制度变革，就无法解决当前问题。

中亚局势及其影响

张金平[*]

一、中亚当前局势

（一）中亚国家接连发生动荡

2022年，哈萨克斯坦、乌兹别克斯坦国内相继发生骚乱，在各方努力下，动荡基本得到控制；这一年，吉尔吉斯斯坦和塔吉克斯坦在边境地区发生激烈冲突，最后双方达成停火协议。这些事件虽然最后得到了解决，但仍给整个中亚地区的安全局势蒙上了一层阴影。

这些动荡的发生有着复杂的内外原因。首先，乌兹别克斯坦此次骚乱的起因是该国在2022年6月下旬公布的新宪法修正案草案，有关卡拉卡尔帕克斯坦自治共和国的自

---

[*] 海南中金鹰和平发展基金会高级研究员，西北政法大学政治与公共管理学院教授。

治权描述被修改，但在7月4日乌兹别克斯坦议会通过的决议中取消了这一修改。由此乌兹别克斯坦总统指出，此次骚乱是恶意势力利用技术手段在网络上传播虚假消息，煽动卡拉卡尔帕克斯坦地区出现骚乱，企图破坏乌兹别克斯坦领土完整。乌兹别克斯坦内务部等多个部门也先后强调，发生在卡拉卡尔帕克斯坦的骚乱，是国外势力在背后指引犯罪组织发动的暴恐犯罪，目的就是颠覆该国政权。无独有偶，哈萨克斯坦骚乱发生后，哈萨克斯坦政府也指出，是有外部势力推动了哈萨克斯坦国内局势的动荡。其次，中亚地区的局势动荡不能全部归结为外部势力的推动。在新冠疫情等因素冲击之下，中亚各国经济发展陷入停滞，民众生活受到影响，自然容易引发社会问题。而该地区长期存在的民族、宗教等问题，让局势变得更加复杂。

因此，想要彻底解决问题，保持中亚局势的稳定，靠的不光是中亚各国强力部门的行动，更需要国家经济的正常稳定发展。毕竟，只有民众生活条件不断改善，才能逐渐弥补裂痕，从根本上避免骚乱发生。

（二）中亚动荡局势的影响

当前，中亚已不再是当初的边缘地和民族缓冲区。自阿富汗战争爆发以来，乌兹别克斯坦、吉尔吉斯斯坦、塔吉克斯坦三国不仅面临着苏联解体后经济急剧衰落带来的萧条局面，还要不断承受地区恐怖主义势力逐渐坐大的威胁和生存环境恶化的现实。此外，中亚各国民族构成情况复杂，各国在民族关系、国家利益和地缘定位上并不相同。相对富裕的哈萨克斯坦、土库曼斯坦和其他三国情况不同。这些情况都让这一地区成为美西方势力眼中策动内部矛盾、挑起国家激变的有利突破口。

在经济全球化、全球局势复杂多变的多重推动，以及中亚地区复杂多变的地缘政治形势、新经济发展模式推行下，中亚各国须看清方向，选择正确的道路。从普京将俄乌冲突后的首次出访放在中亚国家，以及中吉乌铁路计划的正式实施来看，未来在俄中加大对中亚投资情况下，中亚各国经济将获得持续发展动力，可继续在全球贸易中发挥重要作用。

二、阿富汗问题与中亚

阿富汗问题的重要性、复杂性和敏感性已远远超出阿富汗国家本身，扩展到周边地区乃至地缘政治、国际政治、外交、军事、安全和治理层面。如中国现代国际关系研究院研究员胡仕胜所言，就未来新一轮阿富汗经济重建而言，互联互通建设是重中之重，既是盘活其经济要素的根本路径，也是其"以发展促安全保稳定"的根本路径；既是将其地缘优势转化为经济发展优势的关键所在，也是避免其成为地缘破碎地带的关键所在；既是助力其"矿业兴国"

的必由之路，更是确保其中央政权打破城乡壁垒及推动农村迈上开放、包容、稳定、安全发展轨道的必由之路。① 对阿富汗来说，除中国之外的周边各国与其都有或大或小的历史积怨与现实矛盾，且并不具备大规模提供其急需的基础设施建设能力、资源类企业投资及外贸的庞大市场。

2022年7月25—26日，阿富汗问题国际会议在乌兹别克斯坦首都塔什干举行。该会议主题为"安全与经济发展"，有超过20个国家和国际组织的代表出席会议。各方聚焦阿富汗地区和平与稳定，认为联合制定方案解决阿富汗社会经济问题，成为地区国家和国际社会的首要任务。阿富汗如今的安全局势为投资创造了良好机会，努力使阿富汗成为连接中亚和南亚的枢纽。阿富汗临时政府也正全力履行对国际社会的承诺，不允许任何团体或个人利用阿富汗领土侵犯第三国利益。②

三、美国的中亚政策

美国重视与中亚国家的关系，包括政治、经济、安全等各领域。以哈萨克斯坦为例，美哈正处于建设两国间关系的新阶段。美国是最早承认哈萨克斯坦独立、支持哈萨

---

① 高莹：《深化中阿巴三国互联互通合作》，《中国社会科学报》，2022年4月18日。

② 《阿富汗问题国际会议在乌兹别克斯坦举行》，中国新闻网，2022年7月26日，https：//m.chinanews.com.cn/wap/detail/zw/gj/2022/07-26/9812831.shtml。

克斯坦经济改革的国家之一。对美国来说，哈萨克斯坦的地理位置是其关注的关键因素之一。哈萨克斯坦不仅与俄罗斯和中国有着很长的陆地边界线，与阿塞拜疆和伊朗隔里海相望，还与其他中亚国家接壤。因此从"全球走廊"的角度来看，哈萨克斯坦处于非常有利的位置，就世界商品和服务的流动而言——汽运、铁路、能源、人力资本的流动，哈萨克斯坦正成为最重要的国家之一。

经济方面，美国一直是且仍然是哈萨克斯坦的主要投资者之一。30多年来，美国对哈萨克斯坦经济直接投资总额超过460亿美元。目前，哈萨克斯坦有超过500家美资企业，包括麦当劳、宝洁、雪佛龙等。与美国的经济关系对哈萨克斯坦至关重要。[①] 两国的经济合作，特别是在非资源领域潜力巨大。政治方面，2022年当哈萨克斯坦开始重大政治改革时，美国即表示全力支持，并就政治议程和民主化问题达成互谅。合作方面，哈萨克斯坦有"C5+1"平台，可供中亚国家和美国探讨关于中亚的各种合作项目，包括气候议程和投资发展。

四、中亚地区发展趋势

中亚地区的重心必然在经济方面，经济的高效发展、

---

① 《搭建经济桥梁：哈萨克斯坦与美国的紧密联系》，《每日经济》，2023年10月7日，http://cn.dailyeconomic.com/2023/10/07/74695.html。

社会的富裕程度将影响国家社会的局势。中亚地区始终受民族主义、极端主义和分离主义的影响，因此安全因素也是其关注的重心。同时，中亚国家努力在当前局势下谋求自主发展、加强自身政权稳定，各国多年来为探索经济发展模式做着各种尝试。国际社会各方应加强协调配合，在各自优势领域不断为中亚国家提供支持，推动中亚地区经济发展、局势稳定。

▷ 新时代国际安全研究

新形势下中南亚安全态势[①]

朱永彪[*]　胡　宁[**]

中南亚地区是中国重要的周边地区，在中国的周边外交战略、地区安全战略中具有重要地位。根据联合国最新的人口报告，2022年中亚和南亚[②]有21亿人，占全球人口的26%。预计到2037年，中亚和南亚将成为世界上人口最多的地区。[③]

长期以来，中南亚地区安全形势复杂又脆弱。近年来，中南亚更是发生了重大动荡，2021年阿富汗局势巨变成为中南亚最大的地缘政治变局，2022年俄乌冲突也给中南亚

---

[*] 海南中金鹰和平发展基金会高级研究员，兰州大学"一带一路"研究中心执行主任、阿富汗研究中心主任。
[**] 兰州大学阿富汗研究中心研究生。
[①] 本文系国家社科基金重点项目"多重危机和博弈加剧背景下的阿富汗安全形势及对策研究"（项目编号：21AGJ014）的阶段性成果。
[②] 联合国报告里的"中亚和南亚"包括整个南亚，而"中南亚"只包括阿富汗、巴基斯坦、印度等部分南亚国家。
[③] "World Population Prospects 2022: Summary of Results", Department of Economic and Social Affairs Population Division of UN, 2022, pp. 16 – 17.

带来了多重影响。

一、中南亚安全形势严峻

（一）地区恐怖主义和极端主义进入新阶段

在阿富汗，反恐形势并未出现根本性的好转。部分恐怖组织正试图阻碍阿富汗塔利班获得国际承认，通过袭击外国目标栽赃和激化塔利班与国际社会的矛盾。2022年上半年，"伊斯兰国呼罗珊分支"至少两次从阿富汗北部巴尔赫省的边境城镇海拉坦向乌兹别克斯坦发射了火箭弹。尽管乌兹别克斯坦官方予以否认，但是塔利班却高调宣称已经抓捕到了几名袭击者。可以看出，"伊斯兰国呼罗珊分支"有趁机坐大并且挑拨离间的企图。随着"三股势力"在中南亚地区进入到了一个新的活跃期，恐怖组织和极端组织正变得越来越有策略。

2021年巴基斯坦反恐形势开始恶化，结束了自2014年开始的缓和局面。2022年上半年，巴基斯坦的恐怖袭击呈现增加趋势。开普省发生的袭击次数最多，其次是俾路支省、信德省和旁遮普省。[1]

---

[1] "Terror Attacks Rise: TTP Too Must Realise that Radical Demands Are of Little Important When the Greater Threat of Uncertainty Looms Large", https://tribune.com.pk/story/2368864/terror-attacks-rise, August 1, 2022.

2022年7月下旬，塔利班外长穆塔基在率团赴乌兹别克斯坦参加阿富汗问题国际会议后进行访问期间，曾参观了乌兹别克斯坦的宗教处所，并引起了大量乌兹别克斯坦人的热情围观和热议，这很可能是塔利班影响力向中亚扩散的结果。

同时，近期在叙利亚，塔利班的旗帜出现在反政府武装组织中。无论是塔利班成员或其支持者参加了在叙利亚的战斗，还是叙利亚反政府武装组织在利用塔利班旗帜鼓舞士气，都表明塔利班上台执政的多重刺激效应的持续扩散，塔利班有意识形态化倾向，即阿富汗周边和其他地区可能出现塔利班化现象。

（二）地区政局动荡风险加剧

哈萨克斯坦、塔吉克斯坦、乌兹别克斯坦三个中亚国家在2022年都发生了政治风波和动荡。哈萨克斯坦总统托卡耶夫在年初的动乱后推进了一系列较为激进的改革，其影响还有待观察。塔吉克斯坦边境地区与中央的矛盾还未化解，关系仍在恶化。乌兹别克斯坦则因修宪问题引爆了严重的央地矛盾，至今隐患也未消除。土库曼斯坦较为顺利地进行了权力移交，谢尔达尔接任总统，但是也存在一定隐患。西方制裁俄罗斯加剧了地区和国家内部矛盾，中亚地区不稳定因素增多。部分反俄势力及"三股势力"很可能受到"鼓舞"，试图改变中亚地区的政治格局。盘踞在阿富汗的"伊斯兰国呼罗珊分支"已开始趁机扩大针对中亚的宣传和鼓动，并有意挑起事端。

2022年6月6—8日，中国国务委员兼外长王毅应邀访问哈萨克斯坦并出席"中国+中亚五国"外长第三次会晤。在与哈萨克斯坦总统托卡耶夫会面时，双方对俄乌冲突带来的严重负面外溢影响深感担忧。王毅强调，中方为劝和促谈发挥着建设性作用。当前形势下，要警惕域外势力图谋将地区国家卷入大国冲突，胁迫各国"选边站队"。中方希望中亚国家保持定力，排除干扰，加强协调，精诚合作，维护好地区和平稳定。中国从不在中亚谋求地缘政治利益，也绝不允许域外势力祸乱这一地区。[1]

此外，南亚的斯里兰卡政局发生变化，巴基斯坦政坛产生变动，印度国内的各类抗议活动也一直没有停止。

尽管这次危机更多是全球性的，但南亚国家更加脆弱，受到的影响也更大。需要注意的是，中亚和南亚之间各种类型的互动长期以来一直被忽略，包括政治态势的互动与相互影响，但在新形势下，这种互动可能会产生重大影响。

（三）阿富汗局势仍有较大不确定性

塔利班虽然变得更加温和了，但是距离国际社会和周边国家的期待还有较大距离。出于稳固政权的考虑，镇压

---

[1] 《哈萨克斯坦总统托卡耶夫会见王毅》，https：//www.fmprc.gov.cn/web/wjbz_673089/zyhd_673091/202206/t20220607_10699831.shtml，2022年6月7日。

反塔武装成为塔利班的优先选项,恐怖组织得到更多喘息的机会,恐怖袭击的风险增高。

1. "伊斯兰国呼罗珊分支"武装分子的影响

俄罗斯阿富汗问题特使扎米尔·卡布洛夫在塔什干阿富汗问题国际会议期间说,自从塔利班上台以来,在阿富汗的"伊斯兰国呼罗珊分支"武装分子的数量增加了2倍,达到了6000人。① 早些时候,俄罗斯总统普京也对阿富汗北部越来越多的"伊斯兰国"武装分子表示担忧。但是塔利班发言人扎比乌拉·穆贾希德表示,"伊斯兰国"正从阿富汗消失,塔利班和阿富汗人民不会允许该组织在阿富汗建立基地。他还表示有关"伊斯兰国呼罗珊分支"成员在阿富汗增加的猜测是错误的。

2. 高价值基础设施成为袭击目标

2022年上半年阿富汗北部多座从中亚输入电力的高压电塔和变压设施接连被炸毁,加剧了多个省份的电力短缺问题。前政府时期阿富汗境内的输电设施和技术工人曾被频繁袭击造成严重停电,极端恐怖势力和反塔武装有模仿该策略破坏塔利班统治的可能。

---

① "Kabulov: Around '6,000' Daesh Militants in Afghanistan", https://tolonews.com/afghanistan-179171, July 29, 2022.

3. 外国目标成为袭击重点

部分恐怖组织试图阻碍塔利班获得国际承认，通过袭击外国目标栽赃和激化塔利班与国际社会的矛盾。

4. 基础设施没有保障

阿富汗大约78%的电力需要从邻国进口，截至2022年7月拖欠中亚国家的电费接近2亿美元，工厂面临严重的电力短缺问题。目前塔利班设立的工业园大多还是荒地，道路、电力、水等基础设施没有任何保障，还需投入大量人力财力进行前期建设。阿富汗喀布尔工业园里存留的企业，由于缺电导致三分之二的时间无法开工。

5. 经济制裁和塔利班采取金融管制措施

这一情况致使跨国汇款受限，对阿富汗贸易在原材料购买、商品收付款上存在困难，并且还存在严重的拖欠情况。塔利班还未与邻国就关税达成一致，原材料和商品价格经常大范围波动。

6. 面临国际制裁

2022年6月联合国终止了塔利班两名官员的旅行豁免权，在不做出重大改变的情况下塔利班面临的国际制裁难以被解除，被追加新制裁的可能性也在上升。7月中旬开始，"脸书"等由于担心美国制裁，停止了阿富汗国家广播电台、塔利班通讯社等在 Meta 旗下社交媒体的账号，谷歌等随后也采取了相应措施。这些举措既是大公司担忧制裁风险并提前采取预防措施的结果，也将进一步刺激更多企业和国家采取类似行动。

（四）阿富汗吸引外国投资极其有限

大型投资方面，以中国企业为例，中冶集团 2008 年就已签约的艾娜克铜矿项目因遗址保护和合同纠纷等问题陷入停滞。塔利班上台后，对该项目提出了新要求。中石油下属公司也已多次与塔利班接触，并计划开采一个小油气区块。同时，有中国公司计划在巴米扬省哈吉加克铁矿附近修建一座电厂，但是这些项目都面临较大的风险，随时有可能被迫终止。

其他国家在阿富汗投资方面，目前的贸易主要以农产品和煤炭为主，其他以恢复长期停滞的 TAPI 天然气管道项目、CASA-1000 跨国输电项目、土—阿—塔铁路等为主要目标。不过上述大型项目前期均在阿富汗邻国进行，距离真正延伸至阿富汗并正式开工还有较大距离，因此不能算作对阿富汗投资。部分中东国家如阿联酋获得了阿富汗部分国际机场的运营权。

在私人投资方面，由于盲目认为战乱地区存在机遇且竞争压力小，因此不少中小公司有冒险倾向，并通过各种方式派人到阿富汗寻找商业机会。

二、中南亚面临其他多重挑战

同时，中南亚地区还面临着如下多重挑战。

（一）粮食危机和难民危机

根据联合国的数据，自2019年以来，全球有多达8.28亿人处于饥饿状态，面临严重粮食不安全的人数从1.35亿飙升至3.45亿。在45个国家，共有5000万人在饥荒的边缘摇摇欲坠。[①] 中南亚地区有大量人口处于饥饿状态，一半以上的阿富汗人没有足够的食物。全球粮食价格上涨和冲突进一步加剧了这一问题。

中南亚地区还是全球重要的难民来源地之一，其中阿富汗难民是世界上最大的难民群体。2021年8月以来，阿富汗难民危机之所以没有更进一步的爆发，一方面是因为有时间差，另一方面因目前的状态更像是"温水煮青蛙"，可能会突然爆发重大危机和重大安全事件。难民问题和极端主义、教派冲突等问题密切相关，随着难民脆弱性的增加，难民的激进化问题也变得更加严重。

---

① "Conflict, COVID, The Climate Crisis and Rising Costs have Combined in 2022 to Create Jeopardy for up to 828 Million Hungry People Across the World", https://www.wfp.org/global-hunger-crisis.

其背景引人深思，其中一个原因是已经没有多少国家愿意接受难民甚至是允许难民过境了。"在过去 11 个月里，进入伊朗的阿富汗难民人数显著增加；每天有 4000—5000 名合法和非法难民涌入，而同时有 2000—3000 名难民被驱逐出境。在伊朗缺乏工作机会和为阿富汗难民提供充足的住房是一个主要问题。"[①] 以往收留了大量阿富汗难民的土耳其，自 2021 年底尤其是 2022 年以来，也加大了驱逐阿富汗难民的力度。

（二）经济危机风险

美元升值、大宗商品价格飙升、能源价格走高等多种因素叠加，把全球推向了高通胀，也把全球经济推到了危机的边缘。对于本就存在诸多内部问题并负债累累的中南亚国家来说，就像大海上处于风暴中的小船，受到的冲击和影响更大。

自俄乌冲突以来，欧美对俄罗斯实施的全方位制裁，不仅让俄罗斯面临严峻的经济风险，中亚国家也受到了冲击。俄罗斯是中亚最重要的贸易伙伴，中亚国家已直接或间接地受到了制裁的影响。同时，俄罗斯不得不限制对中亚国家的商品出口。2022 年 3 月 10 日俄罗斯宣布暂停化肥的出口，6 月 30 日之前禁止向欧亚经济联盟国家出口小

[①] "Afghan Refugees in Iran, Pakistan Call for UNHCR to Act", https://tolonews.com/afghanistan-179192, July 31, 2022.

麦、黑麦、大麦和玉米，8月31日前禁止出口白糖和原糖，欧亚经济联盟国家需凭俄罗斯农业部的许可进口。

目前，中亚国家从俄罗斯进口商品价格均不同程度上涨。吉尔吉斯斯坦只有乳制品和蔬菜能够自给自足，近三分之一的食品需从俄罗斯进口。塔吉克斯坦商店中商品的价格标签几乎每天都在变化。

大量乌东民众进入俄罗斯，导致部分地区发布法令，禁止来自中亚的公民工作，如莫斯科市政府已经出台外来务工人员限制令。在此背景下，大量在俄罗斯务工的中亚人将面临失业的危险，可能导致2022年汇向中亚国家的劳务外汇大幅减少，进而产生一系列连锁反应。

（三）极端气候与传染病风险

2021年以来，虽然极端气候变化是全球性的，但中南亚地区似乎面临着更严重的冲击，各种自然灾害层出不穷。如2022年，阿富汗和巴基斯坦都出现了频次较高且严重的地震和洪灾，同时还伴随着地区性的严重干旱。自然灾害爆发往往会引发大规模传染性疾病，尤其是在医疗资源匮乏的情况下，瘟疫等传染性疾病暴发的风险会很高，如不正确应对可能会引发更可怕的连锁反应。

（四）大国博弈出现新形势

随着美军撤离阿富汗，大国在中南亚地区的博弈也进入到了一个新阶段。2022年2月28日，美国与中亚"C5+1"外长会议举行，布林肯再次提出美国军事基地或中转基地返回中亚的意愿。① 印度也开始与塔利班接触，恢复在喀布尔的大使馆。

中亚国家现在面临两难局面，一方面面临发展危机，不得不与俄罗斯保持一定距离，另一方面又不能也不敢与俄罗斯"脱钩"。因此几乎所有中亚国家均采取了一定程度上的平衡政策，即一方面继续参加集安组织的活动，并在非重要领域支持俄罗斯；另一方面又向乌克兰提供人道主义援助，并不支持甚至对俄罗斯的行为发表了不同意见。哈萨克斯坦正在加紧制定新的法律，防止被制裁产品通过哈萨克斯坦进入俄罗斯，防止被制裁对象以投资形式进入哈萨克斯坦市场，同时欢迎撤出俄罗斯的西方企业选择就近进入哈萨克斯坦。随着时间的推移，在制裁和经济发展危机面前，中亚国家与俄罗斯的分歧可能进一步扩大。

塔利班与周边国家关系存在较大变数，如已经与除了中国之外的其他5个邻国均发生过交火或边境摩擦，与巴基斯坦和伊朗更是发生了多次交火，并造成了人员伤亡。冲突往往是由塔利班的行为引起的，如破坏界碑，或者在邻国领土上升起塔利班旗帜等。②

---

① 《新华国际时评：北约打"中国牌"卑劣险恶——回击北约抹黑系列评论之三》，http：//www.news.cn/2022-04/10/c_1128547110.htm，2022年4月10日。

② "Afghan-Iran Border Clash：Taliban Says One Killed"，https：//www.bbc.com/news/world-asia-62370108，August 1，2022.

三、建议

鉴于中南亚地区的重要地位，以及当前面临的挑战，未来中国可在继续加强构建中南亚地区发展与安全共同体的前提下，做好以下工作。

（一）重视软实力建设与巧实力应用

目前中国在中南亚地区的主要活动及影响力的获得，还是靠硬实力，即贸易和投资，集中在经济领域。今后，可更加重视软实力的建设和巧实力的应用。虽然中国在中亚的文化影响力与俄罗斯和美国相比仍有一定距离[1]，但倘若持续关注与投入，则有望在这一领域取得成效。

在这个过程中，有必要继续有针对性的加强双边合作。不论是政治、经济，还是社情民情，中南亚各国在有相似之处的同时，也有较大差别。在这一背景下，不仅要通盘考虑中南亚的情况，还应在整体考虑的基础上对不同国家制定差异化的个性化方案，更加有针对性的加强双边合作，提高合作的深度与质量。

---

[1] 朱永彪、魏丽珺：《中国、美国和俄罗斯在中亚的影响力评析》，《俄罗斯研究》，2019年第5期，第73—107页。

（二）积极参与中南亚气候治理等非传统安全议题

中南亚是全球气候变化和生态问题较为突出的地区，同样也是全球气候治理的重点区域之一，全球变暖对于本就干旱少水的中南亚无疑是雪上加霜，并有可能进而对全球气候变化产生复杂的综合影响。应对全球气候变化，中南亚国家的积极参与和重要性不可忽视。未来中国可推动绿色"一带一路"与中南亚气候治理深度对接，加强与联合国相关机构的深层次合作，以多重方式支持和参与中南亚地区的气候治理，丰富中国对中南亚的影响层次，打造和深化与中南亚关系的战略回旋空间。

进一步发掘并发挥上合组织在气候治理方面的作用。随着全球及地区气候问题的恶化，气候治理逐渐成为上合组织关注的焦点。目前，在上合组织框架内，以地区环境合作为议题进行的高层对话明显增多。2019年上合组织比什凯克峰会通过的《比什凯克宣言》强调，气候变化、饮用水短缺等安全挑战和威胁日益加剧并跨越国界，要求国际社会高度重视，并开展紧密协调和建设性协作。上合组织关于环境合作的协商机制正在走向成熟，而中南亚国家基本全是上合组织的成员国或观察员国。中国可充分利用该地区合作平台，推动上合组织内部积极开展气候治理合作，减缓中南亚国家因气候恶化而造成的发展困境。

（三）进一步拓宽能源领域合作

中国与中南亚国家大都面临着能源转型和能源安全问题，在能源合作方面具有较强的互补性，也具有较大提升空间。中国在能源转型和能源安全方面已经探索出了一条特色之路，具有较成熟的技术、经验、市场和雄厚的资金，并能生产高水平设备。在此背景下，在传统能源领域、新能源领域的上下游产业方面，进一步拓展与中南亚国家的全链条合作，有望实现更多更高层次的双赢。

美国撤离军后，TAPI 天然气管道项目、CASA－1000 跨国输电项目、土—阿—塔铁路等中南亚互联互通项目陷入停滞，目前中南亚国家均表达了重新启动上述项目的意愿。中国可以积极参与其中助力上述项目的顺利开展，做促进中南亚地区发展平台的提供者。一是这些项目相对成熟并且很多已经开始建设；二是多方参与背景下，中国可以充当资金和技术的提供者，而不必投入大量人力，避免安全和舆论风险；三是相关国家与中国关系良好。

（四）继续向阿富汗提供小而精、小而美的援助

在灾害应对和卫生领域，可以推动自然灾害应对技术和常规疫苗、药品的援助。面对中南亚频发的自然灾害，可以向阿富汗等国提供自然灾害预警技术和设备，应对措

施、灾后救援和防疫指导信息，以及救援工具设备、灾后防疫物资、药品等。阿富汗疫苗接种率很低，尤其是大部分儿童极少接种疫苗，因此可以在此方面加强合作。

在生产生活领域，可以援助一些基础的生产工具，如缝纫机等纺织机器，小型拖拉机、发电机、抽水泵等农业生产机器和单户太阳能设备等。一是可以帮助阿富汗大量失业者尤其是女性参与社会生产，借鉴中国在保护女性权利方面的经验；二是这些机器不仅可以提高生产能力，而且坚久耐用，可以提高产品知名度。

在教育领域，可以考虑在阿富汗创办中文学校和推动阿富汗学生、专业技术人员来华学习项目。土耳其、巴基斯坦等国已经在阿富汗境内开展语言和技术的培训项目，在阿富汗开办的中文学校也受到了当地的欢迎。为了规避安全风险，可以招募懂中文的阿富汗人尤其是曾经的来华留学生在阿富汗创办中文学校，为其创造就业机会。此外，还可以筛选部分阿富汗学生和专业技术人员来中国学习，种下中阿友好的种子。

阿富汗变局的影响及趋势分析

李 伟[*]

美国以"反恐"为名在阿富汗进行长达20年的战争，最终以仓皇狼狈撤军收场。在美国尚未完全撤军前，腐败无能的阿富汗政府就迅速垮台。阿富汗塔利班（以下简称阿塔）重新掌权后，接手的是一个千疮百孔、民不聊生的"烂摊子"。与此同时，阿富汗境内恐怖主义丛生，既是阿富汗未来安全稳定的障碍，也是国际社会面临的严峻威胁。因此，如何反恐，成为阿富汗新政府融入国际社会的"试金石"和经济重建的前提与基础。阿塔能否解决这个棘手问题，使阿富汗不再成为恐怖主义的庇护所，成为国际社会最大关切之一。

---

[*] 海南中金鹰和平发展基金会学术委员会副主席，中国现代国际关系研究院研究员。

一、美国"反恐"战争使阿富汗成恐怖主义乐园

阿富汗战争导致当地动荡不安、经济停滞、腐败成风、毒品泛滥,以及人道主义灾难与难民危机,为恐怖主义发展蔓延"营造"了更肥沃的土壤和更广阔的空间。

(一) 以"反恐"为名,谋取私利,美国成为"麻烦制造者"

美国发动阿富汗战争之初,就具有明确借反恐谋取私利的战略考量,即用美式民主"改造"他国。

首先,高举反恐大旗,为军事入侵他国做准备。长期以来,美国一直以各种手段(武力干预、"颜色革命"、隐蔽行动等)试图将美式民主强加他国,受到越来越多国家的反对。"9·11"事件使美国以国际恐怖袭击"受害者"身份,大打"悲情牌",更加有利地挥舞军事强权的大棒。美国在国际上以反恐划线:谁支持美国反恐,谁就是美国的朋友;谁不支持,谁就是美国的敌人。此举使美国获得世界上一些国家的同情和支持,从而可以"正当"地针对他国进行反恐军事行动。

其次,以军事反恐为手段,用美式民主"重塑"美国敌国。美国摧毁"基地"组织在阿富汗的训练营地,打死

或抓捕"基地"组织骨干，击毙"基地"组织头目本·拉丹，使"基地"组织失去再次针对美国本土发动大规模恐怖袭击的能力。至此，美国已完成联合国安理会对美国军事反恐的授权，因为联合国安理会从未授权美国"民主改造"其他国家。但美国借反恐谋私利，要把阿富汗打造成美式民主国家，获得地缘战略利益。结果正如美国总统拜登所言，美国从阿富汗的溃败，标志着美用军事手段"重塑"他国的失败。当然，这也是美国战略转移的需要，甩掉这个被美国20年战争打烂的"大包袱"。

最后，美国并不满足只借反恐"民主改造"阿富汗，还要"民主改造"众多中东国家。美国在阿富汗战争的第三个年头，就通过制造伊拉克"拥有大规模杀伤性武器、与'基地'组织有联系"的虚假情报，绕过联合国安理会，发动第二次伊拉克战争，催生出恐怖组织"伊斯兰国"。在把伊拉克打成全球恐怖主义指数最高的国家后，美国又军事主导欧洲盟友，把利比亚变成军阀割据、武装冲突不断的动乱之国。美国还为了推翻叙利亚政权，以打击"伊斯兰国"为名，军事介入叙利亚，大力支持叙利亚反对派，加剧叙利亚内战。此外，美国支持中东盟友在也门拉一派打一派，使也门内战久久不能平息。

综上，美国以军事手段"重塑"他国的做法，给这些国家带来的是巨大灾难。可以看到，美国介入哪个国家越深，这个国家就越是动荡，带来十分深重的人道主义灾难和难民危机。美国等西方国家既是国际上的"麻烦制造者",也是不负责的国家。

（二）植入美式民主，水土不服，美国将阿富汗打造成腐败之地

美国依靠战争扶持20年的阿富汗美式民主政权，既没有给阿富汗带来和平与稳定，也没有促进其经济发展和民生改善。美国投入巨量资金"重建"的阿富汗，依然是世界最贫穷落后的国家之一。

一是美式民主选举制度成为阿富汗各派政治势力的角斗场。每逢总统选举，阿富汗就乱象丛生。为攫取政治经济利益，代表不同民族和部落的阿富汗各派力量争权夺利，相互指责对方舞弊、贿选，不承认选举结果；甚至在2014年总统选举中双方僵持不下，出现了一个国家两个元首的乱象。在这些年阿富汗总统选举中，最终结果并不是由阿富汗民众的选票来决定，而是需要美国的"协调"和"点头"。因此，阿富汗民众对"民主"选举逐渐失去信心。2004年首次总统大选投票率达到70%，而2019年大选投票率只有26%。阿塔重新掌权后就明确宣布，"根本不需要议会民主制度"，因为它在阿富汗没有任何基础。这也充分说明，美式民主在阿富汗并没有市场，存在严重的水土不服。

二是阿富汗战争和美式民主使阿富汗陷入灾难和经济困境。虽然20年来，阿富汗少数几个大城市出现一些繁荣景象，但从实际数字看，这20年战争给阿富汗民众带来的的确是苦难。据不完全统计，以美国为首的北约军队占领阿富汗以来，2万多阿富汗平民丧生于北约军队的各类军事行动中，另有10多万阿富汗平民受伤，还有1000多万人流离失所；战乱平均每天给阿富汗造成6000万美元损失。阿富汗战争使阿富汗基础设施遭受到严重损毁，90%以上的桥梁和公路被彻底摧毁，境内几乎不存在完整的工业区。2020年阿富汗国内生产总值仅为191亿美元，人均生产总值仅为581美元。目前，阿富汗72%的人口生活在贫困线以下，失业率高达38%。正是这样由外国军队占领所造成的阿富汗局势混乱、经济停滞、失业率居高不下的环境，为恐怖主义滋生蔓延提供了广阔的空间。

三是美国巨资将阿富汗"重建"为一个贪腐之国。阿富汗腐败成为美式民主的一个重要特征，几乎是至上而下渗透到每一个阿富汗人的日常生活。"透明国际"2020年清廉指数排名，阿富汗在179个国家中排名第165位。2019年12月，《华盛顿邮报》发表文章称，为达目的，美国政府一开始就和阿富汗贪腐分子捆绑在一起。美国扶植的阿富汗首任民选总统卡尔扎伊说，多年来中情局一直将一袋袋美元送到他的办公室。2004年阿富汗通过新宪法前，美国给阿富汗议员发放"红包"，说服议员们支持美国想要的条款。美国用于战争的巨量军事援助的金额完全超过阿富汗实际所需。曾在阿富汗服役的一名法务会计师分析3000份美国国防部合同后，得出结论：金额中有四成落到腐败的阿富汗官员和犯罪分子手中；另有五成落入美国军火商与安保承包商腰包。美国前驻阿富汗大使克罗克曾说："以美为首的西方，对阿腐败问题负有重大责任。"

综上，美国从自身利益出发，不惜搞乱阿富汗局势，以牺牲阿富汗民众的利益为代价。美国在阿富汗所作所为既有全球战略布局考虑，更有服务国内军工资本集团的需求，这才是美国在阿富汗20年战争的真实意图所在。

（三）动荡冲突不断，毒品泛滥，美国在阿富汗"营造"恐怖主义乐园

美国在阿富汗战争中的绝大多数时间并不是真正的反恐。美国在阿富汗战争中最终以失败收场，早在其谋划"借反恐谋私利"时就已注定。正是美国这种做法，才使得阿富汗成为众多恐怖组织藏身与活动的沃土。

其一，美国在阿富汗的反恐战争，对手却不是恐怖组织。虽然以"9·11"事件为名，打着"反恐"旗号，但美国在阿富汗最大的对手是阿塔，曾经于1996—2001年在阿富汗掌权的阿塔政权被美国推翻后，演变成政治军事集团。以美国为首的北约军队在阿富汗军事力量高峰时达10万人，但仍未能彻底摧毁只有几万武装的阿塔。美国培养的阿富汗政府军也拿阿塔毫无办法。最终，美国为全力应对所谓"大国竞争"的"挑战"，不得不考虑从阿富汗这个"泥潭"中抽身。2020年2月29日，美国这个世界第

一军事强国与阿塔签署和平撤军协议；2021年8月30日，美国十分狼狈地从阿富汗全部撤军。美国虽然离开阿富汗，但美国制造并遗留下的阿富汗乱局依然存在。

其二，美军占领阿富汗期间，毒品产量急剧上升危害国际社会。阿塔首次执政时期下令禁止种植罂粟。2001年，联合国调查阿塔治下1万多个村庄的种植作物，发现禁令十分有效，鸦片年产量减少94%，仅有185吨，是1979年以来的最低点。2001年10月，反恐战争爆发后，阿富汗罂粟种植面积随之快速增长；2003年，鸦片非法产量飞速回升至3400吨，是两年前的18倍；2007年，鸦片产量达到创纪录的8200吨，占世界93%的非法鸦片供应份额；2017年，鸦片产量达到历史最高峰，约9000吨；2020年，鸦片产量超过6000吨，占全球鸦片产量的85%。由于阿富汗农民过着有今天没明天的日子，为确保获得即时收益，大多选择种植罂粟。这种毒品发展态势既为阿富汗境内恐怖组织提供资金，又成为危害国际社会的另一大毒瘤。

其三，美国选择性反恐，使阿富汗成为许多恐怖组织的藏身地。美国反恐服务于其政治目标，正如在叙利亚有保留地打击"伊斯兰国"，主要目标放在推翻叙利亚政府一样。2015年，正当阿塔与阿富汗政府进行和谈之际，美国释放出阿塔领导人奥马尔3年前病逝于卡拉奇的情报，导致阿塔内部出现分裂，使"伊斯兰国"有了向阿富汗渗透之机。现在对阿富汗构成实际恐怖威胁的"伊斯兰国呼罗珊分支"的一些成员，就是从阿塔分裂出来的极端分子。

2021年8月26日,"伊斯兰国呼罗珊分支"针对喀布尔国际机场美军发动恐怖袭击后,8月27、28日,美军就"迅速发现"并击毙恐怖袭击的幕后策划者。由此可见,美国在阿富汗有着强大的反恐情报和打击能力。但问题是,为什么美国在撤军前的5年时间里,没有给予"伊斯兰国呼罗珊分支"有效打击,目的是什么?除"基地"组织及其南亚分支在阿富汗外,恐怖组织"东伊运""乌伊运"也躲藏在阿富汗。美军不仅不打击这些恐怖组织,相反,美国时任国务卿蓬佩奥甚至宣布将"东伊运"移出美国认定的国际恐怖组织名单。美国从阿富汗撤走后留下的众多恐怖组织将继续威胁危害阿富汗和其他国家。

综上,美国打着"反恐"旗号,推行美式民主,不仅祸害其他国家,也使恐怖主义更加猖獗。美国发动阿富汗战争、入侵伊拉克、军事介入叙利亚、武力打击利比亚,导致这些国家恐怖主义指数都位于世界前列。因此,美国不是真反恐,而是在为恐怖主义"营造"一个个乐园。

二、重新掌权的阿塔呈现一些新变化

与20世纪执政时极端保守做法相比,此次阿塔表现出更加温和的一面,急于融入国际社会之意溢于言表。阿塔持续对国际社会关切做出承诺,十分重视温和的外交形象。但是,阿塔是否能真正兑现承诺,仍需要听其言观其行。

（一）政治上，表示要建立一个包容性的政府

早在 2021 年 5 月 9 日，阿塔最高领导人哈巴图拉·阿洪扎达就在开斋节时表示，"美国撤军后，我们将在阿富汗建立一个包容性伊斯兰体系，任何人的权利都不会受到侵犯"。8 月 19 日，阿塔宣布建立"阿富汗伊斯兰酋长国"，阿塔发言人表示，将组建一个包容性的政府，并称阿富汗将成为一个符合伊斯兰教法、政教合一的国家。9 月 7 日，阿塔宣布组建新政府，并公布新的政府架构和部分临时政府官员。扎比乌拉·穆贾希德表示，希望未来阿富汗所有阶层在新政府中都有各自地位。

目前来看，阿富汗临时政府所有官员均来自阿塔。虽然新政府架构中仍空缺很多职位，未来这些职位是否由非阿塔成员、代表其他民族和部落的政治势力担任，将是检验阿塔建立"包容性政府"的重要指标。特别是，未来新政府里有无女性参与，更是一个关键性的标志。对此，国际社会仍在观察。

（二）外交上，期望与邻国和大国建立良好关系

阿富汗地缘战略位置十分重要，也是大国与区域内国家关注的重心。长期以来，阿富汗一直是周边国家和国际社会安全上的一个负面影响因素。2020 年 2 月 29 日，美

国与阿塔签署和平协议，阿塔向美国做出相关承诺。除此以外，阿塔夺权过程中及重新掌权后，也多次向阿富汗周边及其他国家保证，不干涉、不危害周边国家与别国的事务和利益。阿塔在军事行动中，明令不得攻击或侵扰外国驻阿人员和机构。由此可见，阿塔期望重新掌权后，能够重塑与周边国家和大国之间的正常关系。

从种种迹象看，国际社会承认阿富汗新政府只是一个时间问题。美国早在美塔协议中默认阿塔在阿富汗重新掌权；阿塔控制喀布尔后，美国国务院发言人普莱斯表示，未来阿富汗政府必须维护民众基本权利，拒绝窝藏恐怖分子，保护国民根本权利，包括占该国一半人口的女性基本人权，美国才会与之合作。这为美国正式承认阿塔政权留下余地。2021年9月7日，阿塔向美国伸出橄榄枝。阿塔发言人沙欣表示，阿塔准备与美国建立关系，这符合阿富汗和美国的利益。沙欣还表示，如果美国参与阿富汗的重建，阿塔表示欢迎。包括欧盟在内的其他一些国家表示，如果阿塔能够落实承诺，则愿意与阿塔接触沟通。9月15日，巴基斯坦国家安全顾问优素福发表讲话，呼吁世界各国与阿塔接触，而不是冻结与阿富汗新政府的关系。

阿富汗政局能否尽早恢复稳定，经济能否尽快步入重建，民众生活能否早日正常改善，既取决于阿富汗新政府的执政理念和治理能力，也取决于国际社会认可与支持。国际社会必须认清的现实是，阿塔已成为阿富汗的实际执政者。未来，阿富汗恐怖主义问题、人道主义灾难和难民危机不仅伤害阿富汗普通民众,也是国际社会面临的问题。解决阿富汗存在的问题,国际社会的理解、支持和帮助,要远远强于冻结、制裁和封锁。

(三)内政上,"大赦"阿富汗原政府所有工作人员

为迅速稳定局势,除承诺保护公民生命、财产及荣誉外,阿塔还宣布"赦免"全部原政府人员,包括曾为外国军队服务的阿富汗人。阿塔希望阿富汗原政府人员继续工作,履行职责。与此同时,阿塔改变上次执政时实施非常严苛的伊斯兰教法制度,提出尊重女性权利,允许女性参加工作和接受教育,但必须戴头巾。据观察,当地局势正在逐步恢复正常,部分市场开门营业;在一些城市,头戴白色头巾、身穿黑色束腰外衣的女学生返回学校,正常上课。

此外,安抚少数民族和对立教派,展现温和包容态势。2021年8月15日,阿塔控制喀布尔数小时后,即派出代表会见当地锡克教和印度教社区的领导人,要求他们不要害怕阿塔或试图离开阿富汗,并与他们分享联系方式,可以在遇到任何困难时进行联系。随后,阿塔政治局代表团在喀布尔拜访伊斯兰教两大教派中与逊尼派相对立的什叶派伊玛目巴尔加,并参加什叶派穆哈兰宗教仪式。这些举动大大出乎人们意料,也改变了阿塔极端保守的历史印象,透露出阿塔新的执政理念与思维。

综上,阿塔再次执政,无论是理念上,还是行动上,

都与上次执政有着很大不同。但是，看待阿富汗问题最重要的是要有"阿富汗视角"而不是西方的"上帝视角"，即阿富汗是一个多民族部落型国家，有着深厚的宗教基础，贫困人口比重大，经济欠发达。此外是"国际视角"，阿富汗不是一个孤立的国家，是国际社会的一个组成部分。阿富汗不应对国际社会其他成员构成威胁与危害，国际社会同样也不应把阿富汗放到对立面。因此，国际社会应与阿富汗寻找更多的利益共同点与合作点。

三、阿塔新政府面临的反恐困境与挑战

美军作为阿富汗安全与发展的最大障碍的"消失"与腐败无能的傀儡政府垮台，并未使阿富汗进入正常的国家建设。20年战争所遗留的问题与麻烦，依然制约阿富汗的整体局势。特别是给阿富汗安全带来极大威胁的恐怖主义，是阿富汗未来建设、发展和民生面临的突出问题。阿塔能否如同所作的承诺那样，解决这个棘手问题，既关系到阿富汗的未来，也是国际社会的重大关切之一。

（一）阿富汗境内存在多个恐怖组织，对国际社会构成严峻威胁

美国在阿富汗20年战争，将阿富汗境内恐怖组织由3

个"打到"20多个。据英国《简氏防务周刊》统计，阿富汗境内恐怖袭击数量和致死人数，由2002年的20起、177人死亡，剧增到2020年的2373起、6617人死亡。恐怖袭击成为阿富汗境内最大安全威胁，严重制约政治、经济、社会和民生发展。同时，阿富汗境内恐怖组织也对周边国家和国际社会构成威胁。

阿富汗境内恐怖组织大致可分为两类：一类是与阿塔相抗衡的恐怖组织，主要是"伊斯兰国呼罗珊分支"。"伊斯兰国呼罗珊分支"成员主要是阿富汗人和巴基斯坦人，也有部分是塔吉克斯坦人和哈萨克人，创始者是阿塔和"巴塔"前成员，2015年宣布效忠"伊斯兰国"头目巴格达迪。同年，阿塔与"伊斯兰国"相互宣布开战。2016年"伊斯兰国"在阿富汗人数达到顶峰，为3000—4000人，目前已经减至1500—2200人。2020年6月，"伊斯兰国呼罗珊分支"新头目穆哈吉尔上台后，恐怖袭击活动大幅上升。据统计，2021年前4个月，"伊斯兰国呼罗珊分支"在阿富汗发动77起恐怖袭击，频率远高于2020年同期。

另一类是与阿塔有着千丝万缕联系的恐怖组织，既把阿富汗当作藏身、训练和发展之地，也为阿塔打击外国驻军和原阿富汗政府安全部队与警察出力。这些恐怖组织主要包括："基地"组织及其分支"印度次大陆"。据情报认为，"基地"组织在阿势力范围已经扩大到15个省。"印度次大陆"已将刊物《阿富汗"圣战"之声》改名为《征服印度之声》，未来可能在南亚地区更加活跃。"哈卡尼网络"名义上隶属阿塔，实际上是半独立组织。2012年11月，联合国安理会曾将"哈卡尼网络"列入制裁名单，理由是"参与、资助、支持或策划塔利班活动，对阿富汗和平、稳定与安全构成威胁"。"巴塔"目前在阿富汗境内约有数千名成员，是国际社会普遍认定的恐怖组织，目标是推翻巴基斯坦政府。"乌伊运"成员主要来自乌兹别克斯坦，在中亚受重创后转移到阿富汗北部。联合国认为，"乌伊运"是否会威胁地区安全稳定，取决阿塔的态度。2021年6月，联合国报告称，"东伊运"在阿富汗东北部和叙利亚都有分支。"东伊运"通过勒索和绑架等恐怖主义活动筹集资金，频频利用社交网络美化和宣传恐怖主义，以此吸引年轻人。

（二）阿塔承诺不再让阿富汗成为恐怖主义庇护所，能否兑现是关键

阿塔多次向国际社会表示，不允许任何恐怖组织利用阿富汗领土从事恐怖主义活动，并承诺切断与"基地"等恐怖组织的联系。这既是阿塔巩固执政地位的需要，也是融入国际社会的必由之路。对此阿塔早有动作，为清除外来恐怖组织做了一定准备。2021年2月，阿塔通过社交网络公布其军事委员会发布的一份指令，禁止阿塔招募任何外国公民入伍，或者为他们提供庇护，违者将被逐出队伍，或者解散招募的队伍。当前，阿塔对境内相关联恐怖组织采取"不准搞恐袭、流动受限制、行动需审批、人员要登记"等措施，予以管控。根据阿塔与不同恐怖组织之间的关系，阿塔与恐怖组织"切割"存在以下几种方式。

一是严厉打击"伊斯兰国呼罗珊分支"。2015年"伊斯兰国呼罗珊分支"成立以来，一直是阿塔的打击目标。阿塔掌权后，能够更加有利地对该组织进行打击，向国际社会表示反恐的意愿与决心。结果可能弱化"伊斯兰国呼罗珊分支"在阿富汗的存在，或将该组织赶出阿富汗。

二是为"哈卡尼网络"褪色，或取消该组织。作为阿塔的一支武装力量，同时也是美国等西方一些国家认定的恐怖组织，阿塔很难与其彻底切割关系。在阿富汗临时政府中，"哈卡尼网络"领导人已被任命为代理内政部长，可以说未来，"哈卡尼网络"既失去暴力攻击目标，也无继续存在的必要。

三是公开宣布与"基地"组织断绝关系，可能允许继续藏身。未来，阿塔可能会阻止"基地"组织在阿富汗打出旗号，但很难阻止继续藏匿于阿富汗。

四是限制"巴塔"在阿富汗活动，但难以完全切断联系。"巴塔"主要由巴基斯坦普什图人组成，与阿塔主体的普什图人为同一民族。在一定程度上，"巴塔"是在阿塔帮助下成立，并在阿塔与美军作战期间给予一定支持。因此，阿塔重新掌权后，难以彻底断绝与"巴塔"的关系，但可能会限制"巴塔"在阿富汗境内从事恐怖袭击活动。

五是驱逐"乌伊运"和"东伊运"等恐怖组织,但很难实施严厉打击。由于具有相同的宗教信仰,对于宗教意识形态为主导的阿塔来说,打击类似的恐怖组织容易在内部引起争议,甚至分裂。但允许这些恐怖组织在境内的存在,又不利于阿塔争取国际社会对执政合法性的认可。因此,将这些恐怖组织赶出阿富汗,符合阿塔利益的最大化。

(三)阿富汗反恐道路仍然十分艰难,需要国际社会的共同努力

阿富汗成为恐怖主义策源地的因素很多,虽然美军和美国扶持的阿富汗政府这两个因素基本消失,但阿富汗民族、部族、政治、经济等问题,短期内难有较大改观。因此,很难期望再次执政的阿塔能够很快、全面、深入解决恐怖主义问题,国际社会应在阿富汗反恐问题上做出更大努力。

一是阿塔执政的阿富汗能否呈现安全与稳定的社会环境,是解决恐怖主义问题的前提之一。阿富汗亟需经济重建,使阿富汗民众能够重拾信心,这是铲除恐怖主义土壤的治本之策。而美西方不负责任地将阿富汗打成积弱积贫的国家,在撤离后不但冻结阿富汗资产、停止对阿富汗援助,还强压国际货币基金组织和世界银行停止阿富汗的特别提款权。这些做法无疑是要将阿富汗推向黑暗深渊,无助于解决阿富汗的任何问题,更难遏制恐怖主义在阿富汗

的发展蔓延。

二是阿塔必须从阿富汗整体利益出发，坚定反恐意愿。恐怖主义是全人类的公敌，也是阿塔的敌人。如果阿富汗仍是恐怖主义的庇护所，将使执政的阿塔孤立于国际社会。由于历史与现实等诸多因素影响，反恐对阿塔来说也是一个难题。虽然说恐怖主义很难一夜之间就从阿富汗完全消失，但阿塔必须拿出与恐怖主义彻底决裂的意愿，必须坚决打击境内的恐怖组织和恐怖分子。如此，阿塔才能更好地融入国际社会。

三是国际社会不能袖手旁观，应积极帮助支持阿富汗。孤立制裁阿富汗新政权，绝对不是解决阿富汗问题的良方，反而使恐怖主义更加活跃。从世界各国反恐的经验教训看，任何一个国家无论强弱都难以单独解决恐怖主义问题，阿富汗也是如此。中国提倡的"综合施策，标本兼治"的反恐理念，是解决恐怖主义的正确指引。国际社会应在阿富汗恢复安全与稳定、促进经济发展、改善民生等多个方面，给予阿富汗更多帮助。这样才能更好地促进阿富汗的反恐，使阿富汗步上繁荣发展之路。

东南亚恐怖主义活动新特点

杨保筠[*]

2020年初突如其来的新冠疫情迅速在全球蔓延，东南亚各国也不例外。持续的疫情造成的健康威胁以及为应对疫情而采取的各种防疫措施，对东南亚各国的政治、经济、社会等诸多领域都造成了相当深刻的影响。其中，国际和地区恐怖组织的活动频率和形式在新冠疫情大流行之下，也出现了许多变化并呈现出新的趋势和特点。

一、东南亚恐怖主义活动的频率和烈度总体向缓

根据东南亚各国的反恐形势报告来看，疫情发生以后，东南亚恐怖主义危机出现逐渐缓解的走势，2021年的情况更为突出。在东南亚各国政府集中应对新冠疫情的情况下，

---

[*] 海南中金鹰和平发展基金会高级顾问，北京大学国际关系学院教授。

印尼、马来西亚、菲律宾等发生的恐怖袭击案数量都有显著下降。① 例如，菲律宾的恐怖主义活动在 2019—2021 年期间明显减少，从 2019 年的 134 起降到 2020 年的 59 起，2021 年则为 17 起。②

究其原因，首先是相关国家的政府加大了对恐怖主义活动的打击力度。如印尼国家警察组建的名为"88 突击队"的精锐反恐部队近年来强化对"伊斯兰祈祷团"的突袭，逮捕了大量恐怖分子，并摧毁多个炸弹制造窝点，从而削弱了该组织的行动效率。仅在 2021 年，"88 突击队"就逮捕了 370 名与恐怖主义有关的人员，其中包括 194 名"伊斯兰祈祷团"成员、16 名"东印尼'圣战'者组织"成员和 5 名"神权游击队"成员。③

其次是新冠疫情流行在相当大程度上阻碍了恐怖分子和流动恐怖袭击活动的蔓延。例如，有分析认为，一向鼓吹暴力的"东印尼'圣战'者组织"的恐怖主义活动数量在 2021 年明显下降，部分归因于政府实行的减少人员流动的防疫措施和当

---

① 《东南亚地区恐怖主义危机有所缓解》，越南通讯社，2022 年 1 月 10 日，https://zh.vietnamplus.vn/%E4%B8%9C%E5%8D%97%E4%BA%9A%E5%9C%B0%E5%8C%BA%E6%81%90%E6%80%96%E4%B8%BB%E4%B9%89%E5%8D%B1%E6%9C%BA%E6%9C%89%E6%89%80%E7%BC%93%E8%A7%A3/156551.vnp。

② "Countering Terrorism Online with Artificial Intelligence – An Overview for Law Enforcement and Counter – Terrorism Agencies in South Asia and South – East Asia", January 2022, https://unicri.it/Publications/Countering – Terrorism – Online – with – Artificial – Intelligence – %20SouthAsia – South – EastAsia.

③ Munira Mustaffa, "Reassessing The Extremist Threat in Southeast Asia", June 28, 2022, https://newlinesinstitute.org/isis/reassessing – the – extremist – threat – in – southeast – asia/.

局要求人们乘坐飞机、汽车及其他公共交通工具旅行时进行阴性抗原快速检测或更昂贵的核酸测试所导致的成本大幅度提高。同时，由于旅行可能造成新冠病毒感染的风险，也使很多人裹足不前。① 由此可以看出，新冠疫情的流行在一定程度上削弱了恐怖组织试图利用地方当局优先考虑健康危机的时机进行重组、策划袭击、鼓动分裂、招募人员等诸方面的行动能力。

此外，由于疫情大流行实施的全国旅行控制措施，也使执法人员拘留的恐怖分子嫌疑人的数量大减。如马来西亚仅在2019年就有500多名涉恐嫌疑人被捕，但在2020年减少到7人，人们普遍认为这是政府为防疫所采取的严格的边界防控措施的结果。②

与此同时，疫情还在一定程度上打击了东南亚恐怖组织获取资金的机会。因为长期以来，东南亚的恐怖组织一直都在努力筹集资金，而疫情的流行使其成员难以像以往那样通过多种渠道获得资金支持，并因经费缺乏而阻碍它们开展各类激进主义宣传和招募新兵等活动，削弱了它们

---

① "Countering Terrorism Online with Artificial Intelligence – An Overview for Law Enforcement and Counter – Terrorism Agencies in South Asia and South – East Asia", January 2022, https：//unicri. it/Publications/Countering – Terrorism – Online – with – Artificial – Intelligence – %20SouthAsia – South – EastAsia.

② "Countering Terrorism Online with Artificial Intelligence – An Overview for Law Enforcement and Counter – Terrorism Agencies in South Asia and South – East Asia", January 2022, https：//unicri. it/Publications/Countering – Terrorism – Online – with – Artificial – Intelligenc e – %20SouthAsia – South – EastAsia.

筹划恐怖袭击的能力。①这也直接打击了一些恐怖组织成员的意志。例如，恐怖组织活动猖獗的菲律宾棉兰老岛在2020—2021年出现大批激进分子向当局投降的现象，其主要原因之一就是收入不足，并忍受饥饿和疲劳。而当局为吸引恐怖分子投降制定的一系列配套政策，包括引导投诚人员参与政府提出的重返社会计划，为他们提供生计补助，协助他们获得住房及职业教育等，以鼓励他们重返和融入社会，② 在疫情期间发挥了明显的作用。

由此可见，正是在上述各因素的共同作用下，东南亚地区的恐怖主义活动在新冠疫情背景之下得到一定的遏制，出现了趋于缓和的局面。

二、恐怖主义依然是导致东南亚不稳定的主要隐患之一

然而，尽管新冠疫情使东南亚地区有关国家的恐怖主义活动势头有所减弱，但仍然是该地区国家安全方面的重大隐患，其原因也是多方面的。

---

① Munira Mustaffa, "Reassessing the Extremist Threat in Southeast Asia", June 28, 2022, https://newlinesinstitute.org/isis/reassessing-the-extremist-threat-in-southeast-asia/.

② "Countering Terrorism Online with Artificial Intelligence – An Overview for Law Enforcement and Counter-Terrorism Agencies in South Asia and South-East Asia", January 2022, https://unicri.it/Publications/Countering-Terrorism-Online-with-Artificial-Intelligence-%20SouthAsia-South-EastAsia.

首先，各国政府为了防控疫情而采取的措施虽然限制了人员流动，但恐怖组织和成员充分利用现代信息技术和互联网络，进一步强化激进主义和恐怖主义意识的宣传，并通过灵活多样的方式和手段吸引人们的注意，出现受其影响者"自我激进化"的现象。特别是疫情期间，许多年轻人在防疫措施的制约下足不出户，因而有更多的时间通过上网接触到极端组织散布的信息。恐怖组织正是利用信息技术提供的各种便利，吸引那些在网络空间寻求社区归属感的年轻人对它们的意识形态产生迷恋。其中，有些深陷极端思想影响的青年人甚至成为"独狼"式恐怖分子，策划并实施恐怖袭击，给社会安定造成严重威胁。

其次，在疫情影响下，恐怖组织难以组织大规模的恐怖袭击活动，因此以"独狼"甚至是家庭方式进行的恐怖主义暴力活动增多，而且更加难以提防。

再次，恐怖组织利用部分东南亚国家在防疫和抗疫过程中出现的问题进行宣传，散布激进主义思想。如有些国家的民众因对新冠疫情长期难以控制而感到沮丧，甚至出现反政府示威。还有些国家的政府使用本国的反恐法律和工具来压制异议和控制少数群体，导致政治动乱加剧并进一步促使疫情扩散。这使公众对政府机构的信任度下降，在一定程度上抑制了一些人主动获取反恐信息的意愿，使其难以及时知晓相关动态和采取防范措施。而恐怖组织则利用由于疫情而加剧的不平等问题以及新冠疫情期间有增无减的社会、经济和政治问题来传播极端主义意识形态并招募新兵，这在东南亚地区也产生了一定的效果。实际上，"伊斯兰国"的意识形态与东南亚的宗教极端主义思潮和一些国家存在的分离主义运动之间都有着密切联系。例如，泰国南部的分离主义组织在新冠疫情下继续活动，而部分分离主义组织和"伊斯兰国"有一定的联系。新冠疫情导致政府与分离主义组织之间的和平谈判迟迟难以获得成果，导致泰国南部地区的暴力活动，特别是针对平民的袭击时有发生。

最后，在原有恐怖组织势力没有消失的情况之下，新的恐怖组织不断滋生。例如，2020年11月上旬，缅甸若开邦一个新的"圣战"组织"若开邦马赫迪旅"宣布建立，并向"伊斯兰国"领导人宣誓效忠，宣布将通过暴力手段以实现自身目标。

正是由于恐怖主义在新冠疫情期间仍然是影响东南亚国家安全的重大地区问题，东南亚各国在东盟的框架下积极开展合作以应对新形势下的反恐问题。如2020年12月1日，东盟举行了第三次"反恐和跨国安全次区域会议"，各成员国表明了打击恐怖主义的决心。会议主要探讨了"新冠疫情对反恐和跨国安全环境的影响"和"应对外国恐怖分子的区域准备"，达成东盟成员国2021年的反恐对策。在疫情下的反恐斗争中，东南亚各国特别关注如何切断外国恐怖分子通过海上在东南亚的活动路线。

因此，尽管近年来，尤其是新冠疫情期间东南亚国家在反恐方面的努力取得了明显进展，在一定程度上遏制了恐怖主义活动的势头，但上述种种迹象表明东南亚地区的恐怖主义和极端主义威胁远未消失。特别是随着疫情的缓解以及该地区各国为了复苏经济而逐步放松疫情防控措施，边境逐渐开放和人员流动的增加，一方面为恐怖分子在地区和国家间的流动开了方便之门，另一方面也使各国的公共空间重新成为恐怖分子袭击的目标。对此，东南亚各国相关部门均认为，必须采取有效措施以更好地应对疫情后新常态下可能出现的恐怖主义活动。

为了推动反恐合作，东南亚各国在继续加强东盟各成员国之间的反恐合作之外，还努力推动与联合国等国际机构和区域外更多国家之间的国际反恐合作。尤其是进入2022年以来，东盟国家与联合国相关反恐部门的合作明显加强。

恐怖组织为了获取资金，往往从事毒品贩卖并常常由此而导致暴力犯罪。2022年2月，东南亚国家联合联合国反恐执行局与毒品和犯罪问题办公室商讨加强双方合作，以利于联合国提高向东南亚和南亚地区发展中国家提供技术援助的有效性。①会议决定继续支持印尼政府关于"加强监管和社区罪犯改造"项目，旨在加强对印尼的恐怖分子和暴力极端主义罪犯的管理和社区监督，以帮助他们脱离恐怖主义和激进主义思想，重新融入社会。

---

① "Open Briefing of the Counter‐Terrorism Committee on the Work of the Counter Terrorism Committee Executive Directorate (CTED) with the Member States of South and South‐East Asia", February 14, 2022, https://www.un.org/securitycouncil/ctc/events/open‐briefing‐counter‐terrorism‐committee‐work‐counter‐terrorism‐committee‐executive.

此外，为了落实联合国时任秘书长潘基文于2016年提出的《防止暴力极端主义行动计划》，呼吁会员国进一步制定防止暴力极端主义的国家战略，同时加强区域层面的合作，联合国毒品和犯罪问题办公室推动东南亚建立支持其"东南亚和太平洋区域方案（2022—2026年）"总体目标的网络，保护该地区弱势群体和社区免受毒品和犯罪的侵害，促进建立和平包容的社会。为此，联合国毒品和犯罪问题办公室还将提供技术支持，以建立防止暴力极端主义的区域合作、知识共享和运行规范的平台，确保东南亚国家防止暴力极端主义战略的有效性和可持续性。2021年9月，联合国毒品和犯罪问题办公室与东南亚国家举行了第一次磋商会议。2022年3月21—22日，印尼国家反恐怖主义局与联合国毒品和犯罪问题办公室召开了第二次磋商会，启动了"防止暴力极端主义从业者"筹备工作组的第一阶段，并讨论了其运作的前进方向及临时顾问委员会结构，[1]从而为东盟国家与联合国进一步深化反恐合作、打击毒品买卖及预防暴力犯罪奠定了基础。

越南是东南亚地区开展反恐斗争比较成功的国家。越南非常重视与地区各国及国际机构的合作。2022年5月16日，越南公安部部长苏林与联合国负责反恐事务的副秘书长沃龙科夫举行工作座谈会时强调，越南将致力于与联合

---

[1] "UNODC Supports the Development of a South-East Asia Network of PVE Practitioners", https://www.unodc.org/unodc/en/terrorism/latest-news/2022_unodc-supports-the-development-of-a-south-east-asia-network-of-pve-practitioners.html.

国和其他国家密切合作，共同打击恐怖主义。越南对新冠疫情的长期经济影响将导致恐怖主义、极端主义加强在互联网上宣传、招募恐怖分子的趋势表示担忧，并表示支持国际社会为打击恐怖主义活动、消除恐怖主义寻找有效措施的努力。①

此外，国际刑警组织也宣布于2022年在马来西亚设立办事处，协助该国打击在"暗网"上出现的各种恐怖主义信息所带来的威胁。这被视为国际反恐合作的一个积极变化。②

人们有理由相信，在东南亚各国持续努力和国际社会大力支持下，后疫情时代东南亚地区的反恐斗争将持续进行，并继续取得成果，为该地区及世界的和平与稳定做出贡献。

---

① 《苏林部长：越南致力于与联合国和其他国家共同打击恐怖主义》，《越南人民报》网，2022年5月18日，https://cn.nhandan.vn/friendshipbridge/item/9901801 - %E8%8B%8F%E6%9E%97%E9%83%A8%E9%95%BF%EF%BC%9A%E8%B6%8A%E5%8D%97%E8%87%B4%E5%8A%9B%E4%BA%8E%E4%B8%8E%E8%81%94%E5%90%88%E5%9B%BD%E5%92%8C%E5%85%B6%E4%BB%96%E5%9B%BD%E5%AE%B6%E5%85%B1%E5%90%8C%E6%89%93%E5%87%BB%E6%81%90%E6%80%96%E4%B8%BB%E4%B9%89.html。

② "Countering Terrorism Online with Artificial Intelligence – An Overview for Law Enforcement and Counter - Terrorism Agencies in South Asia and South - East Asia"，Vol. 14，Iss. 1，January 2022，https://unicri.it/Publications/Countering - Terrorism - Online - with - Artificial - Intelligence - %20SouthAsia - South - EastAsia。

图书在版编目（CIP）数据

新时代国际安全研究／艾莱提·托洪巴依，张蕴岭主编．—北京：时事出版社，2024.4
ISBN 978-7-5195-0566-0

Ⅰ.①新… Ⅱ.①艾…②张… Ⅲ.①国家安全—研究—世界 Ⅳ.①D815.5

中国国家版本馆 CIP 数据核字（2024）第 053848 号

出 版 发 行：时事出版社
地　　　址：北京市海淀区彰化路 138 号西荣阁 B 座 G2 层
邮　　　编：100097
发 行 热 线：（010）88869831　88869832
传　　　真：（010）88869875
电 子 邮 箱：shishichubanshe@ sina. com
印　　　刷：北京良义印刷科技有限公司

开本：787×1092　1/16　印张：10.75　字数：110 千字
2024 年 4 月第 1 版　2024 年 4 月第 1 次印刷
定价：80.00 元

（如有印装质量问题，请与本社发行部联系调换）